Lews Castle College
BARRA OPEN LEARNING CENTRE

El curso ELE SM (Nivel 1) es un curso de español dirigido a estudiantes **adolescentes y adultos**, y diseñado para ayudar a alcanzar un grado de competencia lingüística que permita la comunicación eficaz:

- Para poder responder en cualquier situación de lengua hablada (conversación informal, trato en el ámbito profesional, etc.).

- Para poder comprender textos escritos (mensajes cortos, artículos periodísticos, lecturas técnicas, literatura, etc.).

- Para poder acceder a cualquier examen oficial de español como lengua extranjera (D.E.L.E., escuelas oficiales de idiomas o cualquier universidad).

Este libro está estructurado en cinco unidades, cada una de ellas formada por cinco lecciones más otra de repaso. Cada lección tiene un centro de interés diferente y siempre funcional.

Muchas lecciones cuentan con un apartado en el que, bajo el título de «Y también...», se incluyen temas variados, relacionados en su mayoría con los contenidos lingüísticos y temáticos tratados en dichas lecciones.

Todas las lecciones presentan un cuadro final («Recuerda») donde se enuncian las **funciones comunicativas** tratadas en las mismas, con sus respectivos exponentes lingüísticos y los aspectos gramaticales que éstos conllevan.

Al final del libro se incluye un resumen de todos los **contenidos gramaticales** del curso («Resumen gramatical»).

PROYECTO EDITORIAL

Departamento de Idiomas de Ediciones SM

AUTOR

Virgilio Borobio

Con la colaboración de Ramón Palencia

ASESORES

Laura Carvajal
Leonardo Gómez Torrego
Belén Artuñedo

EQUIPO EDITORIAL

Maqueta y cubierta: Equipo de diseño de Ediciones SM

Dibujos: Julio Sánchez, Sergio García.

Fotografías: Javier Calbet, Sonsoles Prada, J. M. Navia,
Yolanda Álvarez, EFE, SIPA-PRESS,
Fernando López-Aranguren, Pedro Carrión,
Archivo SM, Enrique García, Juan Gabriel Pallarés,
Celia Mengébar, EUROPA PRESS.

Coordinación editorial: María Rosa de Diego

Dirección editorial: Pilar Martín-Laborda

Comercializa

Para el extranjero:
EDICIONES SM - Joaquín Turina, 39 - 28044 Madrid (España)
Teléfono 91-422 88 00 - Fax 91-508 99 27

Para España:
CESMA, SA - Aguacate, 43 - 28044 Madrid (España)
Teléfono 91-508 86 41 - Fax 91-508 72 12

ISBN: 84-348-3593-2
Depósito legal: M-14566-2001
Fotocomposición: Grafilia, SL
Orymu, SA - Ruiz de Alda, 1 - Pinto (Madrid)
Impreso en España - Printed in Spain

E **l** **e**

CURSO DE ESPAÑOL
PARA EXTRANJEROS
LIBRO DEL ALUMNO

1

	TEMAS	OBJETIVOS COMUNICATIVOS	GRAMÁTICA	FONOLOGÍA
Lección pre-paratoria 1	Saludos (1). El nombre. El alfabeto. Ayudas (1). Instrucciones de clase. Palabras internacionales. Despedidas.	Saludar. Presentarse. Deletrear palabras. Despedirse.	Presente de indicativo: verbo *llamarse*. (1.ª y 2.ª persona del singular.)	Pronunciación del alfabeto.
Lección pre-paratoria 2	Países y nacionalidades. Lenguas. Ayudas (2). Números 0-20.	Preguntar y decir la nacionalidad. Preguntar y decir qué lenguas se hablan. Pedir información léxica y ortográfica.	Presente de indicativo singular: verbos *ser* y *hablar*. El género gramatical: adjetivos de nacionalidad. Interrogativos: *¿Dónde? ¿Qué?*	El acento
Lección 3	Profesiones (1) Lugares de trabajo Estudios Números 21-100 La dirección El teléfono	Preguntar y decir la profesión. Preguntar y decir dónde se trabaja. Preguntar y decir qué se estudia. Preguntar y decir la dirección. Preguntar y decir el número de teléfono.	Presente de indicativo singular: verbos *trabajar, estudiar, vivir y tener.* Interrogativos: *¿Qué?* El sustantivo: género gramatical. Artículos indeterminados: *un, una.*	Entonación en preguntas y respuestas.
Lección 4	Saludos (2). Presentación de una tercera persona El tratamiento	Presentar a alguien. Saludar en una presentación y responder al saludo.	Artículos determinados: *el, la.* Pronombres demostrativos: *éste, ésta.* Artículo contracto *al.* Presencia / ausencia del artículo determinado en las formas de tratamiento. *Tú - usted*: segunda persona singular del presente de indicativo de los verbos *ser, estar, llamarse, hablar, trabajar, estudiar, vivir y tener.*	/r̄/
Lección 5	La familia. El estado civil. La edad. Descripciones físicas de personas. Colores. El carácter. Identificación de personas.	Hablar sobre la familia, el estado civil y la edad. Describir físicamente a una persona. Hablar del carácter de una persona. Identificar a una persona.	El número gramatical. Posesivos: formas átonas. Concordancia del adjetivo con el sustantivo en género y número. Presente de indicativo: — verbos *estar y tener.* — verbos *ser, hablar, trabajar, estudiar y vivir* (tercera persona del plural). Interrogativos: *¿Quién? ¿Cuántos/as? ¿Cómo?* Cuantificadores: *muy, bastante.*	

R E P A S O   1

UNIDAD 2

Lección		Funciones	Gramática	Fonética
Lección 6	Objetos. Números 101-10.000. Monedas y billetes. De compras (1).	Expresar existencia. Pedir cosas en una tienda. Preguntar el precio.	Artículos indeterminados. Adjetivos y pronombres demostrativos. Interrogativos: ¿Cuál? ¿Cuánto?	La sílaba.
Lección 7	El pueblo o la ciudad. Situación geográfica. Números a partir del 10.001.	Describir una población: situación geográfica, número de habitantes y aspectos relevantes.	Preposiciones y adverbios de lugar: *en, cerca (de), lejos (de)*. Algunos usos de los verbos *ser* y *estar*. Interrogativos: *¿Por qué?*	/θ/ /k/
Lección 8	La casa. Mi habitación. Los muebles.	Describir una casa. Describir una habitación.	Preposiciones y adverbios de lugar. *Hay - está(n)*	La sílaba fuerte.
Lección 9	Lugares públicos. La hora. Días de la semana. Horarios públicos.	Preguntar por la existencia y ubicación de lugares públicos. Informar sobre distancias. Dar instrucciones para ir a un lugar. Preguntar y decir la hora. Preguntar e informar sobre horarios públicos.	*Un - uno*. Imperativo afirmativo, singular. Preposiciones: *a, de, por.*	/x/ - /g/
Lección 10	Deportes y actividades de tiempo libre (1). Gustos personales.	Expresar gustos personales. Expresar coincidencia y diferencia de gustos. Expresar diversos grados de gustos personales.	Verbos *gustar* y *encantar*, formas y sintaxis. Pronombres de objeto indirecto. Adverbios: *también, tampoco, sí, no.*	

R E P A S O   2

UNIDAD 3

Lección		Funciones	Gramática	Fonética
Lección 11	Un día normal. Acciones habituales.	Hablar de hábitos cotidianos.	Presente de indicativo, singular: — verbos regulares. — verbos irregulares (*ir, empezar, volver, acostarse, hacer, salir*). Pronombres reflexivos: *me, te, se.*	El acento tónico en las formas del presente de indicativo singular.
Lección 12	El fin de semana. Deportes y actividades de tiempo libre (2). Tareas de la casa.	Hablar de hábitos y actividades del fin de semana. Decir con qué frecuencia hacemos cosas.	Presente de indicativo, singular y plural: — verbos regulares. — verbos irregulares (*acostarse, volver, hacer, salir, ir*). Pronombres reflexivos: *nos, os, se.* Expresiones de frecuencia.	*ai - ei* El acento tónico en las formas del presente de indicativo plural.
Lección 13	El trabajo o los estudios. Profesiones (2). Medios de transporte.	Hablar del trabajo o los estudios de uno mismo. Hablar sobre los medios de transporte. Preguntar y decir con qué frecuencia hacemos cosas.	Verbo *venir*. Preposiciones: *de, desde, a, hasta, en, por.* Adverbios de cantidad. Expresiones de frecuencia. Interrogativos: *¿Cómo?*	

Lección 14	Estados físicos y anímicos. Partes del cuerpo. Enfermedades. Remedios.	Preguntar a alguien cómo se siente. Decir cómo se siente uno mismo. Expresar dolor. Ofrecer cosas y aceptarlas o rechazarlas. Hacer sugerencias y aceptarlas o rechazarlas.	*Muy - mucho.* Verbo *doler*: formas y sintaxis. Frases exclamativas: *¡Qué...!* Presente de indicativo irregular: alternancia *e - ie*.	Entonación de frases exclamativas.
Lección 15	Al teléfono. Espectáculos. Invitaciones. Citas.	Iniciar una conversación telefónica. Hablar de espectáculos: horarios y lugares. Hacer una invitación y aceptarla o rechazarla. Concertar citas.	*Querer* + infinitivo. *Poder* + infinitivo. Presente de indicativo irregular: alternancia *o - ue*.	

R E P A S O 3

UNIDAD 4

Lección 16	La compra. Alimentos. En un restaurante.	Pedir productos alimenticios en una tienda. Preguntar el precio de un determinado producto. Pedir algo en un restaurante. Solicitar un servicio en un restaurante.	Presente de indicativo irregular: — alternancia *e - i*. — primera persona del singular con *g*. *Algo, nada.* *Otro, un poco (más) de.* Sustantivos contables - no contables.	La sílaba fuerte.
Lección 17	Ropa. De compras (2).	Decir qué ropa lleva otra persona. Hacer comparaciones. Comprar un artículo en una tienda de ropa.	Comparaciones. Pronombres de objeto directo: *lo, la, los, las.*	La sílaba fuerte.
Lección 18	Una fiesta de cumpleaños. Felicitaciones. Regalos. Comidas y bebidas. Los meses.	Decir lo que se está haciendo. Felicitar a alguien el día de su cumpleaños. Ofrecer regalos. Valorar cosas. Ofrecer comida o bebida y aceptarla o rechazarla. Preguntar y decir la fecha del cumpleaños.	*Estar* + gerundio. *Para* + Pronombre personal. Frases exclamativas: *¡Qué...!* Algunos usos de los verbos *ser* y *estar*.	Entonación de frases aseverativas, interrogativas y exclamativas.
Lección 19	Hechos recientes. Disculpas. Excusas.	Hablar de lo que se ha hecho recientemente. Disculparse. Poner excusas.	Pretérito perfecto. Participio pasado. *Perdona por...* *Es que...*	
Lección 20	Experiencias personales. Estudiar una lengua extranjera.	Hablar de experiencias personales. Expresar opiniones. Expresar acuerdo y desacuerdo.	Pretérito perfecto. *Ya - aún / todavía no.* *Creer / pensar que...* *(No) Estar de acuerdo con... porque...* *Con* + pronombre personal.	

R E P A S O 4

R E P A S O 5

1 **a)** Escucha y lee.

—¡Hola! ¿Cómo te llamas?

—*(Me llamo) Sara. ¿Y tú?*

—(Yo me llamo) Carlos.

b) Escucha y repite.

c) Practica con tu compañero.

2 Preséntate y saluda a tus compañeros.

—Me llamo ... ¿Y tú?

—*(Yo me llamo) ...*

—¡Hola!

—*¡Hola!*

3 **a)** Escucha e identifica las letras.

b) Escucha y repite.

c) ¿Qué letras no existen en tu lengua? Díselo a tu profesor.

4 Escucha y marca con una cruz la letra que oigas.

e	☑	i	☐
c	☐	z	☐
v	☑	b	☐
q	☑	k	☐
s	☐	x	☑
h	☑	ch	☐
g	☐	j	☐

5 Escucha y subraya los nombres que oigas.

Paco	Paca
Luisa	Luis
Paula	Pablo
Félix	Felisa
Manuela	Manolo
Juana	Juanjo
Gema	Chema

6 **a)** Lee y subraya nombres y apellidos.

b) Ahora escribe un nombre y un apellido. Deletréaselos a tu compañero.

7 **a)** Observa los dibujos.

b) Escucha y repite.

¿Cómo se escribe?

No entiendo. ¿Puedes repetir, por favor?

¿Está bien así?

No.

Sí.

8 **a)** Lee los diálogos.

<table>
<tr><td align="center">**1**</td><td align="center">**2**</td></tr>
<tr><td>—¿Cómo te llamas?</td><td>—¿Cómo te llamas?</td></tr>
<tr><td>—*Paul.*</td><td>—*Paul.*</td></tr>
<tr><td>—¿Y de apellido?</td><td>—¿Y de apellido?</td></tr>
<tr><td>—*Kruse.*</td><td>—*Kruse.*</td></tr>
<tr><td>—¿Cómo se escribe?</td><td>—¿Cómo se escribe?</td></tr>
<tr><td>—*K-R-U-S-E.*</td><td>—*K-R-U-S-E.*</td></tr>
<tr><td>—¿Cómo? ¿Puedes repetir, por favor?</td><td>—¿Está bien así?</td></tr>
<tr><td>—*K-R-U-S-E.*</td><td>—*Sí.*</td></tr>
<tr><td>—¿Está bien así?</td><td></td></tr>
<tr><td>—*No.*</td><td></td></tr>
</table>

b) Pregunta a tu compañero cómo se llama. Escribe su nombre y apellido.

INSTRUCCIONES

9 **a)** Mira los dibujos, escucha y lee.

Lee

Pregunta

Escribe

Escucha

Marca

Mira

Habla con tu compañero

b) Escucha las instrucciones de tu profesor y actúa.

10 **a)** Observa las fotos y lee las palabras.

b) Di las palabras en voz alta.

c) Escucha y comprueba.

d) ¿Conoces otras palabras en español? Escríbelas.

11 **a)** Mira el dibujo.

b) Ahora despídete de tus compañeros.

R E C U E R D A

COMUNICACIÓN   GRAMÁTICA

Saludos

¡Hola!

Buenos días.

Buenas tardes.

Buenas noches.

Despedidas

Adiós. Hasta mañana.

Preguntar y decir el nombre

¿Cómo te llamas?

(Me llamo) Ana.

Ayudas

¿Cómo se escribe?

No entiendo. ¿Puedes repetir, por favor?

¿Está bien así?

Pronombres personales sujeto

yo, tú

(Ver resumen gramatical, apartado 8.1.)

Verbo *llamarse*: presente de indicativo

(Yo) Me llamo

(Tú) Te llamas

(Ver resumen gramatical, apartados 7.1.1. y 8.4.)

1 ¿Qué países te sugieren estos nombres?

SUGEST

1. Paola
2. Carmen
3. Cécile
4. Ingemar
5. Helmut
6. Masako
7. Mohammed
8. Sally
9. João

Ejemplo: Paola → Italia.

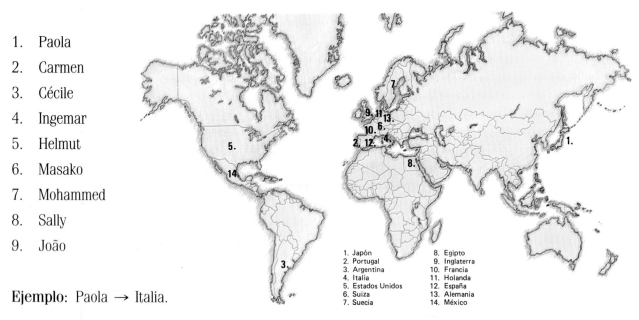

1. Japón
2. Portugal
3. Argentina
4. Italia
5. Estados Unidos
6. Suiza
7. Suecia
8. Egipto
9. Inglaterra
10. Francia
11. Holanda
12. España
13. Alemania
14. México

2 **a)** Intenta leer los nombres de estos países:

Japón Argentina México

Portugal Italia

Suiza

Suecia

Egipto

Inglaterra

Francia

Holanda

España

Alemania

Estados Unidos

b) Escucha y comprueba.

3 Relaciona países con adjetivos de nacionalidad.

Países		Nacionalidades	
1.	México	A.	sueca
2.	Argentina	B.	norteamericana
3.	Italia	C.	inglés
4.	Estados Unidos	D.	holandesa
5.	Suiza	E.	mexicano
6.	Suecia	F.	japonés
7.	Egipto	G.	española
8.	Inglaterra	H.	argentina
9.	Francia	I.	francesa
10.	Japón	J.	italiana
11.	Holanda	K.	portuguesa
12.	Portugal	L.	suiza
13.	Alemania	M.	egipcia
14.	España	N.	alemán

4 Completa la columna.

PAÍS	NACIONALIDAD	
México	mexicano	mexicana
Argentina	argentino	argentina
Italia	italiano	_____
Estados Unidos	norteamericano	_____
Egipto	egipcio	_____
Suiza	suizo	_____
Suecia	sueco	_____
Inglaterra	inglés	inglesa
Francia	francés	francesa
Japón	japonés	_____
Holanda	holandés	_____
Portugal	portugués	_____
España	español	española
Alemania	alemán	alemana

5 **a)** Lee el diálogo.

—¿De dónde eres?

—*Soy francesa, de París. ¿Y tú?*

—(Yo soy) Alemán, de Frankfurt.

b) Ahora practica con tus compañeros.

6 ¿De dónde es? Mira las fotos y pregunta a tu compañero.

Ejemplo: —¿De dónde es Boris Becker?   *Where is he or she from*

—*Es alemán. ¿Y Felipe González?*

—Es español.

—No sé.

BORIS BECKER

FELIPE GONZÁLEZ

JULIA ROBERTS

TRACY CHAPMAN

LUCIANO PAVAROTTI

CATHERINE DENEUVE

7 **a)** Lee el diálogo.

—¿Qué lenguas hablas?

—*(Hablo) Español y francés. ¿Y tú?*

—(Yo hablo) Español, inglés y alemán.

b) Escucha y repite.

c) Ahora practica con tu compañero.

8 Pregunta a tu compañero la lengua que se habla en:

- Jamaica.
- Mónaco.
- Nicaragua.
- Brasil.
- Nueva Zelanda.
- San Marino.
- Colombia.
- Uruguay.
- Austria.

—¿Qué lengua se habla en Jamaica?

—*(Se habla) Inglés.*

—*No sé.*

9 **a)** Observa estos dibujos.

b) Escucha y repite.

¿Cómo se dice «thank you» en español?

No sé.

Más despacio, por favor.

Más alto, por favor.

10 Escucha y actúa.

11 Elige dos palabras de tu lengua y pregunta a tu compañero cómo se dicen y cómo se escriben en español. Estas frases te servirán de ayuda:

12 **a)** Escucha e identifica los números.

0 Cero	3 Tres	6 Seis	9 Nueve	12 Doce	15 Quince	18 Dieciocho
1 Uno	4 Cuatro	7 Siete	10 Diez	13 Trece	16 Dieciséis	19 Diecinueve
2 Dos	5 Cinco	8 Ocho	11 Once	14 Catorce	17 Diecisiete	20 Veinte

b) Escucha y repite.

13 **a)** Completa el cartón de Bingo con números del 0 al 20.

b) Escucha y marca los números que oigas. Si completas el cartón, di ¡Bingo!

14 **a)** Escribe ocho números del 0 al 20.

b) Díctaselos a tu compañero.

c) Comprobad.

■■■■ Y TAMBIÉN...

1 **a)** ¿VERDADERO O FALSO? Márcalo.

	V	F
En todos los países de Sudamérica se habla español.		
Más de trescientos millones de personas hablan español.		
El español es la tercera lengua más hablada del mundo.		
En España se hablan tres lenguas diferentes.		

b) Lee el texto y comprueba las respuestas anteriores.

El español, o castellano, es la lengua oficial de España, pero también se habla en muchos países de América: Argentina, Bolivia, Chile, Colombia, Cuba, Costa Rica, Ecuador, Guatemala, Honduras, México, Nicaragua, Panamá, Paraguay, Perú, El Salvador, Uruguay, Venezuela, así como en Puerto Rico y en algunas zonas de Estados Unidos. También se conserva todavía en Filipinas y entre los judíos sefarditas.

Se calcula que el número de personas que hablan español en el mundo es superior a los trescientos millones y por eso es la tercera lengua más hablada del planeta, después del chino y el inglés.

En el Estado español, además de español, o castellano, se hablan otras lenguas, como el catalán, el gallego y el vasco.

COMUNICACIÓN GRAMÁTICA

Preguntar y decir la nacionalidad

¿De dónde eres?

Soy francesa.

Pronombres personales sujeto

él, ella

(Ver resumen gramatical, apartado 8.1.)

Verbo *ser*: presente de indicativo, singular

(Yo)	Soy
(Tú)	Eres
(Él/ella)	Es

(Ver resumen gramatical, apartado 7.1.2.1.)

El género gramatical: adjetivos de nacionalidad

masculino	femenino
-o	-a
(italiano)	(italiana)
-consonante	-consonante + a
(francés)	(francesa)

(Ver resumen gramatical, apartado 3.1.)

Preguntar y decir qué lenguas se hablan

¿Qué lenguas hablas?

(Hablo) Inglés y francés.

Ayudas

¿Cómo se dice «thank you» en español?

Más despacio, por favor.

Más alto, por favor.

No sé.

Verbo *hablar*: presente de indicativo, singular

(Yo)	Hablo
(Tú)	Hablas
(Él/ella)	Habla

(Ver resumen gramatical, apartado 7.1.1.)

Interrogativos

¿Dónde?, ¿Qué + sustantivo?

(Ver resumen gramatical, apartados 9.4. y 9.2.2.)

1 Mira las fotos y subraya los nombres de profesiones.

Ana Ruiz,
secretaria

Carlos Pérez,
dependiente

Javier Soto,
periodista

Marta López,
profesora

Luis Milla,
camarero

2 Relaciona profesiones con lugares de trabajo. Puedes usar el diccionario.

médico → bar
camarero → hospital
profesora → tienda
dependiente → escuela
secretaria → periódico
periodista → oficina

3 Fíjate:

	MASCULINO		FEMENINO
un	bar banco hospital restaurante	una	tienda escuela oficina universidad

4 **a)** Escucha y lee.

—¿Qué haces? ¿Estudias o trabajas?

—*Soy médico. Trabajo en un hospital. ¿Y tú?*

—Yo soy estudiante.

—*¿Qué estudias?*

—Psicología.

b) Escucha y repite.

c) ¿Cómo se dice en español tu profesión y el lugar donde estudias o trabajas? Pregunta al profesor si no lo sabes.

d) Habla con tu compañero sobre sus estudios o su trabajo.

5 Pregunta a seis compañeros y completa el cuadro:

	NOMBRE	PROFESIÓN
1		
2		
3		
4		
5		
6		

6 **a)** Mira los dibujos y lee. ¿Comprendes?

Look at drawings → understand

b) Ahora juega con tus compañeros.

7 **a)** Escucha e identifica los números.

20	veinte	60	sesenta	21	veintiuno	22	veintidós
				31	treinta y uno	32	treinta y dos
		70	setenta	41	cuarenta y uno	42	cuarenta y dos
30	treinta			51	cincuenta y uno	52	cincuenta y dos
		80	ochenta	61	sesenta y uno	62	sesenta y dos
40	cuarenta			71	setenta y uno	72	setenta y dos
		90	noventa	81	ochenta y uno	82	ochenta y dos
50	cincuenta	100	cien	91	noventa y uno	92	noventa y dos

b) Escucha y repite.

c) Di estos números: 25 - 44 - 83 - 96 - 37 - 58 - 69 - 75

8 Escucha los diálogos y subraya los números que oigas.

A. 50 - 15　　B. 14 - 41　　C. 2 - 12　　D. 30 - 13

E. 91 - 19　　F. 76 - 67　　G. 18 - 80　　H. 16 - 60

9 **a)** Lee las cartas y subraya las abreviaturas de:

calle　　　*plaza*　　　*avenida*　　　*paseo*　　　*número*

Silvia Costa
Pº Ruiseñores, nº 25. 4º C
50006. ZARAGOZA.

Instituto Catalán
Pza. Promesas, bajo 1ª
28041 MADRID

Srta.
Gloria Soler
C/Poesía 18, ático A
08035 BARCELONA

Iñaki Aguirre
Avda. Miraflores, 30. 2º B
48004 BILBAO.

b) ¿VERDADERO O FALSO? Márcalo.

	V	F
El Instituto Catalán está en la plaza de las Promesas.		
La dirección de Silvia es calle de Ruiseñores, 25, 4.º C		
Iñaki vive en el número 30 de la avenida de Miraflores.		
Gloria no vive en Bilbao.		
El código postal de Iñaki es el 48040.		

10 **a)** Escucha y lee.

—¿Dónde vives?

—*(Vivo) En la calle de la Libertad.*

—¿En qué número?

—*En el 25. Y tú, ¿dónde vives?*

—En la calle de Galileo, número 40.

b) Escucha y repite.

c) Pregunta a tus compañeros.

11 **a)** Mira el dibujo y lee.

b) Escucha las cuatro conversaciones y escribe los números de teléfono.

NOMBRE	NÚMERO DE TELÉFONO
A. Aeropuerto	205 83 43
B. Estación de autobuses	
C. Luis Martínez Castro	
D. Hospital Ramón y Cajal	

12 En parejas.

ALUMNO A: ¡NO MIRES LA INFORMACIÓN DEL ALUMNO B!

1. Pide al alumno B los números de teléfono que no tienes y escríbelos.

¿Cuál es el teléfono de Radio-Taxi?

BOMBEROS | POLICIA 091 | IBERIA 411 25 45 | RENFE 530 02 02

CRUZ ROJA Urgencias | AMBULANCIAS Cruz Roja 479 93 61 | AYUDA CARRETERA Tráfico de carreteras | TAXIS Radio-Taxi

2. Comprueba con tu compañero.

ALUMNO B: ¡NO MIRES LA INFORMACIÓN DEL ALUMNO A!

1. Responde a tu compañero. Después pídele los números de teléfono que no tienes y escríbelos.

¿Cuál es el teléfono de la Policía?

BOMBEROS 080 | POLICIA | IBERIA | RENFE

CRUZ ROJA Urgencias 522 22 22 | AMBULANCIAS Cruz Roja | AYUDA CARRETERA Tráfico de carreteras 742 12 13 | TAXIS Radio-Taxi 447 51 80

2. Comprueba con tu compañero.

13 **a)** Escucha y lee.

1

—¿Qué (número de) teléfono tienes?
—*No tengo teléfono. ¿Y tú?*
—El 428 41 46.

2

—¿Qué teléfono tienes?
—*El 312 50 52. ¿Y tú?*
—El 565 35 30.

b) Escucha y repite.

c) Practica con tus compañeros.

14 Escucha y completa la ficha.

CENTRO DE ESTUDIOS FOTOGRÁFICOS	
NOMBRE	Miguel
APELLIDOS	Ruiz Lopez
NACIONALIDAD	Espanol
PROFESIÓN	Student
DIRECCIÓN	cologna /20 KM
CIUDAD	Madrid
CÓDIGO POSTAL	2017
TELÉFONO	213 53 54

15 Ahora vosotros.

a) Imagina que eres un famoso y completa esta ficha. Inventa los datos que necesites.

NOMBRE	
APELLIDOS	
NACIONALIDAD	
PROFESIÓN	
DIRECCIÓN	
CIUDAD	
CÓDIGO POSTAL	
TELÉFONO	

b) Habla con «otro famoso» y pídele sus datos personales. Escríbelos.

c) Comprobad.

COMUNICACIÓN GRAMÁTICA

Preguntar y decir la profesión

¿Qué haces?

Soy médico.

Preguntar y decir dónde se trabaja

¿Dónde trabajas?

(Trabajo) En un hospital.

Preguntar y decir qué se estudia

¿Qué estudias?

(Estudio) Psicología.

Preguntar y decir la dirección

¿Dónde vives?

(Vivo) En la Calle del Oso.

¿En qué número?

En el 23.

Preguntar y decir el número de teléfono

¿Qué (número de) teléfono tienes?

No tengo teléfono.

El 318 20 24.

Género del sustantivo: masculino y femenino

camarero   escuela   estudiante

(Ver resumen gramatical, apartado 2.1.)

Artículos indeterminados, singular

masculino	femenino
un (un banco)	una (una tienda)

(Ver resumen gramatical, apartado 4.2.)

Presente de indicativo, singular

— Verbo *trabajar*

(Yo)	Trabajo
(Tú)	Trabajas
(Él/ella)	Trabaja

(Ver resumen gramatical, apartado 7.1.1.)

— Verbo *estudiar*

(Yo)	Estudio
(Tú)	Estudias
(Él/ella)	Estudia

(Ver resumen gramatical, apartado 7.1.1.)

— Verbo *vivir*

(Yo)	Vivo
(Tú)	Vives
(Él/ella)	Vive

(Ver resumen gramatical, apartado 7.1.1.)

— Verbo *tener*

(Yo)	Tengo
(Tú)	Tienes
(Él/ella)	Tiene

(Ver resumen gramatical, apartado 7.1.2.5.)

Interrogativos

¿Qué + verbo?

(Ver resumen gramatical, apartado 9.2.1.1.)

1 Observa los dibujos y responde a las preguntas.

among
between

¿En qué situación existe una relación formal entre los personajes?

formal

no formal

2 Escucha y lee.

Listen & read.

1

What/which

—Buenos días, señora López. ¿Qué tal está?

● Muy bien, gracias. ¿Y usted?

—Bien también. Mire, le presento a la señorita Molina, la nueva secretaria. La señora López.

● Encantada.

▲ Mucho gusto.

2

—¡Hola, Isabel! ¿Qué tal estás?

● Bien. ¿Y tú?

—Muy bien. *This*

● Mira, éste es Alberto, un amigo mío. Y ésta es Ana, una compañera de trabajo.

—¡Hola! ¿Qué tal?

▲ ¡Hola!

3 En grupos de tres. Seguid los modelos anteriores y practicad:

follow

a) un diálogo informal; usad vuestros nombres. *(names)*

b) un diálogo formal; usad vuestros apellidos. *(surname)*

4 **a)** Lee los diálogos y cópialos debajo del dibujo correspondiente.

1. —¿Es usted la señorita Plaza?
    —*Sí, soy yo.*

2. —Adiós, señorita Rubio.
    —*Hasta mañana, señor Costa.*

3. —¿El señor Cortés, por favor? Soy Antonio
       Gallego, de S.D.E.
    —*Un momento, por favor.*

4. —Hola, buenos días, señor Sánchez.
    —*Buenos días, señora Durán.*

A

③
—

B

④
—

C

②
—

D

①
—

b) Escucha y comprueba.

5 Observa de nuevo la actividad 4 y comenta con tu compañero: ¿Cuándo se dice «el señor», «la señora», «la señorita»...? ¿Y «señor», «señora», «señorita»...?

6 ¿Qué dirías en estas situaciones? Escríbelo debajo de cada dibujo. (Observa las abreviaturas de «señor», «señora» y «señorita».)

_____

_____

_____

_____

7 Ahora vosotros. En grupos de tres.

Alumno A: Eres la Sra. Salinas, directora de «Motesa».

Alumno B: Eres la Sra. Ruiz, secretaria de la Sra. Salinas.

Alumno C: Eres el Sr. Puerta, cliente de «Motesa».

La directora saluda al cliente y luego presenta a la secretaria y al cliente.

8 Fíjate:

TÚ	USTED
¿Cómo **te** llamas?	¿Cómo **se** llama?
¿De dónde **eres**?	¿De dónde **es**?
Estudias español, ¿verdad?	Estudia español, ¿verdad?
¿Dónde viv**es**?	¿Dónde vive?
¿Tien**es** teléfono?	¿Tiene teléfono?

9 Escribe las frases en la columna correspondiente.

— ¿Dónde trabajas?

— ¿Habla alemán?

— ¿Y usted?

— Eres americano, ¿no?

— ¿Qué estudia?

— Hablas francés, ¿verdad?

— ¿Qué tal está?

— ¿Es usted la señorita Alonso?

— ¿Qué haces?

— ¿Qué tal estás?

— ¿Eres estudiante?

TÚ	USTED
¿Dónde trabajas?	

10 Escucha los cinco diálogos y marca «tú» o «usted».

	TÚ	USTED
1		
2		
3		
4		
5		

11 Ahora vosotros.

Estás en una fiesta muy formal y no conoces a nadie. Hablas con algunas personas y les haces preguntas sobre su nacionalidad, estudios, lenguas que hablan, el lugar donde viven...

■■■■ **Y TAMBIÉN...**

1 Intenta decir estas palabras. ¿Qué tienen en común?

rosa *perro* *Roma* *corre* *Enrique* *Israel* *alrededor*

2 **a)** Escucha y repite.

b) Pronuncia otra vez las palabras de la actividad anterior.

3 Fíjate:

El sonido /r̄/ se escribe:

r	rr
— Al principio de una palabra. Ejemplo: *rico*. — En el interior de una palabra, después de «l», «n», «s». Ejemplos: *alrededor, Enrique, Israel*.	— Entre vocales. Ejemplo: *perro*.

4 Ahora lee este trabalenguas en voz alta:

«El perro de Roque no tiene rabo porque Ramón Rodríguez se lo ha robado».

COMUNICACIÓN GRAMÁTICA

Saludos
(FORMAL)

¿Qué tal está?

(INFORMAL)

¿Qué tal (estás)?

Responder al saludo
(FORMAL E INFORMAL)

(Muy) Bien, gracias.

Presentar a alguien
(FORMAL)

Mire, le presento a la señora Vela.

(INFORMAL)

Mira, ésta es Luisa.

Saludar en una presentación
(FORMAL E INFORMAL)

Encantado/a.

Mucho gusto.

(INFORMAL)

¡Hola! (¿Qué tal?)

¡Hola!

Artículos determinados, singular
el, la

(Ver resumen gramatical, apartado 4.1.)

Al (a + el)

(Mire, le presento al señor Pérez.)

Pronombres demostrativos, singular
éste, ésta

(Ver resumen gramatical, apartado 6.2.)

Pronombres personales sujeto
tú, usted

(Ver resumen gramatical, apartado 8.1.)

Presente de indicativo

verbo	tú	usted
ser	eres	es
estar	estás	está
llamarse	te llamas	se llama
hablar	hablas	habla
trabajar	trabajas	trabaja
estudiar	estudias	estudia
vivir	vives	vive
tener	tienes	tiene

1 Mira este dibujo de la familia Chicote y lee las frases. Subraya los nombres de parentesco y tradúcelos a tu lengua.

- La **mujer** de Pablo se llama Ana.
- Carlos es **hijo** de Ana.
- Marta y Gloria son **hermanas** de Carlos.
- Gloria es **tía** de Mercedes.

- Felipe es **sobrino** de Carlos y Gloria.
- El **nieto** de Ana se llama Felipe.
- Pablo es **abuelo** de Mercedes y Felipe.
- El **padre** de Felipe y Mercedes se llama Juan.

2 **a)** Fíjate:

el...		la...	
padre	tío	madre	tía
marido	sobrino	mujer	sobrina
hijo	abuelo	hija	abuela
hermano	nieto	hermana	nieta

b) ¿Quién es? Di el nombre.

- Es el marido de Ana.
- Es la madre de Mercedes.
- Es la abuela de Felipe.
- Tiene dos hermanas.

c) Escribe algunas frases y léeselas a tu compañero. ¿Sabe quién es?

Ejemplo: — Es la hermana de Gloria.
         — *Marta.*

3 Lee el texto y completa el árbol familiar con estos nombres.

Ángel   Julia   Lucía   Javier   Carmen   Sara   Diego

Antonio y Lucía tienen un hijo, Ángel, que es el mayor, y dos hijas, Carmen y Sara. Ángel y Sara están solteros. En cambio, Carmen está casada con Diego y tienen un hijo, Javier, y una hija, Julia, que son sobrinos de Ángel y Sara.

¿QUIÉN SOY?

4 Escucha y di qué miembro de la familia de la actividad 3 está hablando.

5 **a)** Escucha y lee. ¿Entiendes todo?

Encuestadora:	—¿Estás casado?
Ramón:	—Sí.
Encuestadora:	—¿A qué te dedicas?
Ramón:	—Soy ingeniero.
Encuestadora:	—¿Y tu mujer?
Ramón:	—Es azafata.
Encuestadora:	—¿Tenéis hijos?
Ramón:	—Sí, tenemos una hija.
Encuestadora:	—¿Cuántos años tiene?
Ramón:	—Tres.
Encuestadora:	—¿Tienes hermanos?
Ramón:	—Un hermano y una hermana.
Encuestadora:	—¿Y a qué se dedican?
Ramón:	—Estudian periodismo los dos.
Encuestadora:	—¿Y tus padres?
Ramón:	—Mi padre es abogado y mi madre, enfermera.

b) Intenta decirlo.

¿A qué te dedicas?

¿Y tu mujer?

¿Tenéis hijos?

Tenemos una hija.

¿Cuántos años tiene tu hija?

¿Tienes hermanos?

c) Escucha y comprueba.

6 Escribe las formas verbales que faltan.

Singular	Plural
tengo	tenemos
tienes	_____
tiene	_____
es	_____
está	_____
estudia	_____
se dedica	_____

7 Escucha esta entrevista para una encuesta y completa la ficha.

intenen

Estado civil:		casada
Número de	hijos	son (1)
	hijas	
Profesión		maestra
Profesión	del marido	English teacher. Instituto.
	de la mujer	
Profesión de	los hijos	
	las hijas	
Número de	hermanos	
	hermanas	dos
Profesión de	los hermanos	
	las hermanas	medi America
Profesión	del padre	está jubilado
	de la madre	America

¡ES MI FAMILIA!

8

a) Haz una ficha como la de la actividad 7 y complétala. No olvides poner tu edad y la de tus familiares. Puedes usar el diccionario.

b) Haz preguntas a tu compañero sobre él y su familia. Escribe sus respuestas en un papel.

Ejemplo:

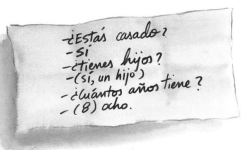

— ¿Estás casado?
— Sí
— ¿tienes hijos?
— (sí, un hijo)
— ¿Cuántos años tiene?
— (8) ocho.

c) Dale el papel con las respuestas al profesor y pídele otro papel.

d) Lee en voz alta el papel que te ha dado el profesor hasta que otro alumno reconozca a su familia.

Ejemplo: — Está casado, es profesor y tiene un hijo de 8 años. Tiene una hermana de 29 años.

Su mujer es periodista...

— ¡Es mi familia!

9 Completa esta carta.

Paco, un estudiante español, va a pasar unos días en tu casa. Tú le escribes una carta y le hablas de tu familia. Puedes usar el diccionario.

> (LUGAR, FECHA).
> ----------
>
> ¡Hola, Paco!
> Muchas gracias por tu carta. Me alegro de que vengas a mi casa el próximo verano.
> Mi familia es _____
> _____
> _____
> _____
> _____
> _____
>
> Hasta pronto.   (FIRMA)
>
>   ----------

10 **a)** Lee estas palabras. ¿Las entiendes?

gordo delgado PELO LARGO GUAPO FEO
PELO CORTO PELO LISO
JOVEN VIEJO PELO RIZADO
rubio moreno BIGOTE ALTO BAJO
OJOS negros Barba

b) Usa las palabras necesarias para describir a estas dos personas.

Alta, ...

Bajo, ...

11 Relaciona las descripciones con las fotos.

| María Barranco, actriz | Francis Ford Coppola, director de cine | Mónica Seles, tenista | Prince, músico y cantante |

1. Tiene el pelo rubio y los ojos marrones. Es muy joven.

2. Es joven y bastante delgado. Tiene el pelo negro, rizado y largo. Lleva bigote.

3. Es moreno y un poco gordo. Tiene el pelo corto y lleva gafas y barba.

4. De pelo negro y liso, tiene los ojos marrones. Es alta y delgada.

12 **a)** Escribe las palabras de la actividad 10 en la columna correspondiente.

Es	Tiene	Lleva
joven	ojos marrones	gafas

b) Describe a una persona de la clase y no digas su nombre. ¿Saben tus compañeros quién es?

13 **a)** Lee este titular de un periódico.

CARMEN ALEGRE LA MUJER DEL FAMOSO INDUSTRIAL ROBERTO DUROS ABANDONA A SU MARIDO

EL MAYORDOMO TESTIGO DE LA FUGA

b) Ahora escucha la conversación entre Roberto y el mayordomo y di cuál de estos cuatro hombres es el amigo de Carmen.

1   2   3   4

c) Piensa en una persona del apartado anterior y descríbesela a tu compañero. ¿Sabe quién es?

14 a) Lee estas palabras y pregunta al profesor lo que significan:

inteligente,   tonto,   serio,   gracioso,   simpático,   antipático

b) Piensa en un personaje famoso que puedas describir con dos o tres palabras de a).

c) Ahora descríbeselo a tus compañeros. Háblales de:

- su profesión;
- su nacionalidad;
- su aspecto;
- su carácter.

¿Saben quién es?

— Es un cantante español. Es moreno y muy alto. Tiene ojos marrones. Es muy serio y...

— *¿Es...?*

15 Enseña una foto de tu familia a tu compañero. Explícale quién es, cómo es y a qué se dedica cada uno de tus familiares.

—Mira, una foto de mi familia.

—*A ver, ...*

—Ésta es ...

—*Y éste ¿quién es?*

COMUNICACIÓN GRAMÁTICA

Pedir y dar información sobre:

el estado civil

¿Estás casado?

No. (Estoy) Soltero.

Sí.

la familia

¿Tienes hermanos?

Sí, una hermana.

No.

la edad

¿Cuántos años tiene tu hijo?

Cuatro.

Describir físicamente a una persona

¿Cómo es tu profesor?

Es alto, tiene los ojos negros y lleva barba.

Hablar del carácter de una persona

Mi hija Lucía es muy simpática.

Identificar a una persona

¿Quién es éste?

(Es) Mi hermano mayor.

El número gramatical: sustantivos y adjetivos calificativos

singular	plural
-o (sobrino)	-os (sobrinos)
-a (alta)	-as (altas)

(Ver resumen gramatical, apartados 2.2. y 3.2.)

Posesivos

mi(s), tu(s), su(s)

(Ver resumen gramatical, apartado 5.1.)

Concordancia adjetivo-sustantivo: género y número

Mi hermano es muy guapo.

Mi hermana es muy guapa.

Mis hermanos son muy guapos.

Mis hermanas son muy guapas.

Interrogativos

¿Quién? ¿Cuántos(as)? ¿Cómo?

(Ver resumen gramatical, apartados 9.1., 9.6.2. y 9.7.1)

Presente de indicativo

Verbo *estar*

(Ver resumen gramatical, apartado 7.1.2.1.)

Verbo *tener*

(Ver resumen gramatical, apartado 7.1.2.5.)

verbo	ellos/ellas/ustedes
ser	son
hablar	hablan
trabajar	trabajan
estudiar	estudian
vivir	viven

1 a) Busca en esta noticia del periódico la información siguiente y escríbela.

> Juan Manuel Rojo es un empresario uruguayo afincado en Valencia que sólo da trabajo a personas mayores de 50 años, a jóvenes en busca de su primer empleo y a padres o madres de familias con más de 4 hijos. Su empresa, creada en 1984, está dedicada a la fabricación de bicicletas, con resultados «óptimos». Otra particularidad de la empresa es que todo trabajador que deja de fumar ve incrementado su salario en un 5 %.

- un nombre de persona
- el nombre de una ciudad
- un apellido
- una nacionalidad
- tres palabras relacionadas con la familia
- una profesión
- un lugar de trabajo.

b) Escucha a dos amigos comentar esta noticia y numera las palabras de tu lista que oigas.

2 a) Lee este anuncio del periódico y calcula la edad de cada persona.

b) Escucha y comprueba.

c) Escucha de nuevo y responde a estas preguntas sobre el ganador.

¿Cómo se llama?

¿De dónde es?

¿Cuántos años tiene?

¿Está casado?

> Telefonea el lunes a las cinco de la tarde al programa «Lo sé» de Radio Cero (Tel. 435 12 15), di la edad exacta de estas personas y gana ¡UN VIAJE DE TRES DIAS PARA DOS PERSONAS A PARIS CON TODO PAGADO!
>
> El problema es el siguiente:
>
> Elena, Carmen y Julio son hermanos.
> Carmen es la mayor.
> Elena tiene cincuenta y nueve años.
> Julio tiene ocho años más que Elena.
> La diferencia entre Carmen y Elena es de doce años.
>
> ¿Cuántos años tiene cada uno?

3 a) Busca en las lecciones 1-5 y escribe:

- seis palabras que sean parecidas en tu lengua.
- seis palabras que te gusten.
- las seis palabras que usas con más frecuencia.

b) Compara con tu compañero. ¿Coincide alguna?

4 En parejas. Elige, por turnos, una de estas palabras y dísela a tu compañero. Él tiene que decir lo contrario. Si está bien, obtiene un punto. Gana el que consigue más puntos.

viejos   sí   bien   grande   inteligentes   hombre   profesor
simpática   guapo   delgadas   casado   menos   rápido   seria   menor

JUEGA AL TRES EN RAYA.

5 En grupos de tres. Por turnos, cada alumno elige una frase y hace la pregunta correspondiente. Si está bien, escribe su nombre en esa casilla. Gana el que tiene tres casillas en raya.

Soy yo	No sé	Medicina	Alto y lleva barba	Porque
De Málaga	No	Inglés y ruso	Es suizo	258 40 48
Estudio	En la calle de Jardines	Gloria	En una oficina	Bien, gracias. ¿Y usted?
Fernández	Sí, un hijo y una hija	25	T-O-N-T-O	Es maestra

6 **a)** Elige a un compañero al que no conozcas mucho y hazle preguntas para rellenar esta ficha con su información.

NOMBRE	
APELLIDO	
DOMICILIO	
EDAD	
ESTADO CIVIL	
PROFESIÓN	
LUGAR DE TRABAJO	
ESTUDIOS	
HERMANOS	
HERMANAS	
HIJOS	
HIJAS	

b) Usa la información de la ficha y escribe sobre tu compañero. Describe también su carácter y cómo es físicamente.

c) Pasa el texto a tu compañero y corrige el suyo. Comentad los posibles errores y corregidlos.

d) Habla de tu compañero. En grupos de tres (durante un minuto).

Un alumno dice la información que tiene sobre su compañero. Si comete un error, los otros alumnos le dicen «¡Para!» y continúa uno de ellos. Gana el que está hablando cuando termina el minuto.

e) Dale a tu profesor el texto que has escrito para que lo ponga en una pared de la clase.

1 **a)** Busca en el diccionario cuatro palabras de esta lista:

— una mesa	— unas llaves
— unos sobres	— un cuaderno
— unos libros	— una postal
— una silla	— un diccionario
— un periódico	— unos bolígrafos
— unos sellos	— una lámpara
— un bolso	— un mapa
— una agenda	— unas cartas

b) Pregunta a tus compañeros por el resto.

—¿Cómo se dice .... en ....?

—.............................

—*No sé.*

2 Observa el dibujo y escribe la palabra correspondiente a cada número.

1- Silla

3 ¿Cuántas sílabas tiene cada palabra?

a) Escucha las palabras y escríbelas en la columna correspondiente.

□ □	□ □ □	□ □ □ □
mesa	agenda	periódico

b) Escucha y comprueba.

c) Escucha y repite.

4 **a)** Fíjate.

Hay	un periódico
	unos sobres
	una agenda
	unas cartas / postales

b) ¿Tienes buena memoria?

Tapa el dibujo de la actividad 2 y di qué hay en la mesa.

Ejemplo: Hay un mapa.

Hay unos bolígrafos.

5 **a)** Escucha e identifica los números:

100	cien	101	ciento uno
200	doscientos	210	doscientos diez
300	trescientos	321	trescientos veintiuno
400	cuatrocientos	432	cuatrocientos treinta y dos
500	quinientos	543	quinientos cuarenta y tres
600	seiscientos	654	seiscientos cincuenta y cuatro
700	setecientos	765	setecientos sesenta y cinco
800	ochocientos	876	ochocientos setenta y seis
900	novecientos	987	novecientos ochenta y siete
1.000	mil	1.098	mil noventa y ocho
1.100	mil cien	1.102	mil ciento dos
2.000	dos mil	2.323	dos mil trescientos veintitrés
3.000	tres mil	3.544	tres mil quinientos cuarenta y cuatro

b) Escucha y repite.

c) Di estos números en voz alta:

103 - 215 - 562 - 741 - 954 - 1.035 - 2.103 - 5.374 - 6.599 - 9.953

¿Qué diferencias hay con tu lengua?

6 Escucha los diálogos y marca los números que oigas.

a) 270 ☐   127 ☐

b) 130 ☐   1.300 ☐

c) 912 ☐   92 ☐

d) 66 ☐   616 ☐

e) 500 ☐   50 ☐

8 Observa estas monedas y billetes españoles.

PASA LA PELOTA

7 Piensa un número y dilo en voz alta. Después pasa la pelota a un compañero. El que la reciba tiene que invertir el orden de las cifras.

9 a) Mira esta lista y responde a las preguntas:

— ¿Cuál es la moneda de tu país?

— ¿Está en la lista?

MERCADO DE DIVISAS DE MADRID

	Lunes	Martes	Miércoles	Jueves	Viernes
1 ECU	128,579	128,996	129,174	128,883	128,771
1 dólar EE UU	112,571	112,739	112,865	112,808	113,505
1 dólar canadiense	98,487	98,738	98,874	98,729	99,452
1 dólar australiano	85,948	86,268	86,567	86,524	87,002
1 franco francés	18,441	18,512	18,542	18,498	18,480
1 libra esterlina	183,772	183,742	183,970	183,990	184,128
1 libra irlandesa	167,562	168,060	168,338	167,937	152,579
1 franco suizo	72,697	72,805	72,722	72,732	72,760
100 francos belgas	304,246	305,009	305,433	304,825	304,283
1 marco alemán	62,630	62,825	62,930	62,793	62,634
100 liras italianas	8,420	8,440	8,440	8,433	8,418
1 florín holandés	55,602	55,770	55,857	55,735	55,604
1 corona sueca	17,317	17,369	17,379	17,360	17,345
1 corona danesa	16,231	16,266	16,275	16,236	16,223
1 corona noruega	16,039	16,104	16,119	16,086	16,069
1 marco finlandés	26,339	26,489	26,550	26,506	26,446
100 chelines austriacos	889,889	892,699	894,051	892,468	889,956
100 escudos portugueses	71,852	72,010	71,990	72,004	71,994
100 yenes japoneses	80,812	81,183	81,250	81,420	82,238
100 dracmas griegas	57,253	57,347	57,452	57,309	47,259

Fuente: Analistas Financieros Internacionales

b) Pregunta a tu compañero cuál es la moneda de su país.

10 **a)** Mira las fotos y escribe en qué tiendas venden libros, sellos y bolígrafos.

En una librería venden libros.

b) ¿Qué otras cosas venden en estas tiendas? Dilas.

11 **a)** Escucha y lee.

Cliente: —¿Tienen cuadernos?

Dependiente: —Sí. Mire, aquí están. Tenemos todos éstos.

C.: —¿Puedo ver ése rojo?

D.: —¿Éste?

C.: —Sí, sí, ése. ¿Cuánto cuesta?

D.: —Ciento ochenta pesetas.

C.: —Vale. Me lo llevo.

¿PUEDO VER ÉSE ROJO?

TENEMOS TODOS ÉSTOS.

b) Practica el diálogo con tu compañero.

12 Fíjate:

	Masculino	Femenino
Singular	este	esta
Plural	estos	estas

	Masculino	Femenino
Singular	ese	esa
Plural	esos	esas

Este bolso   Esta revista   Ese diccionario   Esa agenda

Estos bolsos   Estas revistas   Esos diccionarios   Esas agendas

13 Observa los dibujos y escribe cada frase en la burbuja correspondiente. Mira el modelo.

— Sí, ésas.

— ¿Éstas?

— ¿Puedo ver esas gafas negras?

— ¿Éste?

— Doce mil cuatrocientas.

— ¿Cuánto cuesta ese reloj?

— Sí.

¿ÉSTE?

¿ÉSTAS?

14 Escucha los dos diálogos y completa el cuadro.

	¿Qué quiere?	¿Cuánto cuesta?	¿Lo compra?
1			
2			

15 Ahora vosotros.

Alumno A: Estás en una papelería y quieres comprar dos cosas, pero sólo tienes 500 pesetas. Decide qué vas a comprar.

Alumno B: Eres el dependiente de una papelería. Piensa en las cosas que vendes y en sus precios. Luego atiende a los clientes.

Podéis empezar así:

—Buenos días. ¿Qué desea?

—Buenos días. │ ¿Tienen ....?
　　　　　　　│ Quiero..............

COMUNICACIÓN GRAMÁTICA

Expresar la existencia de algo

Hay una revista.

Hay unos libros.

Preguntar y decir cuál es la moneda de un país

¿Cuál es la moneda de tu país?

El dólar.

Pedir cosas en una tienda

| Quiero | |
| Quería | una agenda. |

¿Tienen agendas?

¿Puedo ver esa agenda?

Preguntar el precio de algo

¿Cuánto cuesta este diccionario?

Artículos indeterminados

un, una, unos, unas

(Ver resumen gramatical, apartado 4.2.)

Hay + *un/una/unos/unas* + sustantivo

Hay un bolso.

Hay una postal.

Hay unos cuadernos.

Hay unas llaves.

(Ver resumen gramatical, apartado 10.1.)

Demostrativos

adjetivos	pronombres
este, estos	éste, éstos
esta, estas	ésta, éstas
ese, esos	ése, ésos
esa, esas	ésa, ésas

¿Cuánto cuesta este bolígrafo?

¿Cuánto cuesta éste?

(Ver resumen gramatical, apartado 6.)

Interrogativos

¿Cuál?, ¿Cuánto?

(Ver resumen gramatical, apartados 9.3. y 9.6.1.)

LECCIÓN 7: MI PUEBLO O MI CIUDAD

1 **a)** Mira las fotos. ¿Qué sabes de las ciudades de Toledo y Barcelona? Busca en el diccionario palabras para describirlas.

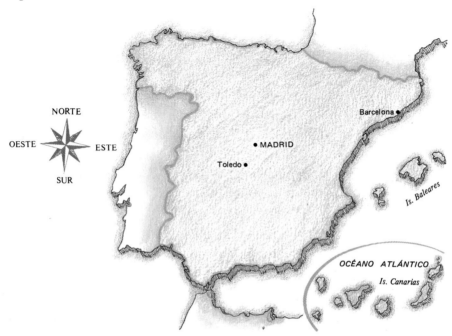

b) Relaciona las fotos con los siguientes textos:

1. Es una ciudad antigua, muy bonita y tranquila, que está en el centro de España, cerca de Madrid. Es bastante pequeña, pero tiene un río importante y muchos monumentos históricos de diferentes estilos artísticos. Hay muchas tiendas para comprar recuerdos porque es una ciudad muy turística.

2. Está en el nordeste de España, no muy lejos de Francia, en la costa mediterránea. Tiene un puerto importante y playa. Es una ciudad de origen antiguo, pero también es muy moderna y dinámica. Es muy grande y tiene monumentos y museos que son famosos en el mundo entero.

48
(cuarenta y ocho)

2 **a)** En parejas (A-B). Escribid una lista de ciudades que incluya:

1. Una ciudad muy grande.
2. Una ciudad turística.
3. Una ciudad que está en la costa.
4. Una ciudad moderna.
5. Una ciudad que está en el sur.
6. Una ciudad con una playa muy bonita.
7. Una ciudad que tiene un museo muy famoso (y el nombre del museo).
8. Una ciudad con un monumento muy famoso (y el nombre del monumento).
9. Una ciudad aburrida.
10. Una ciudad que tiene un parque muy grande (y el nombre del parque).

b) Cambio de parejas (A-A/B-B). Comentad la lista.

3 **a)** Escucha estos nombres de ciudades españolas y escríbelos en la columna correspondiente.

b) Ahora busca esas ciudades en el mapa de España y comprueba si las has escrito bien.

/θ/ (za-ce-ci-zo-zu)	/k/ (ca-que-qui-co-cu)
Zamora	Mallorca

c) Escucha y repite.

4 Elige tres ciudades del mapa y pregunta a tu compañero dónde están. Tiene un minuto para buscar cada una de ellas y responder correctamente.

Ejemplo: —¿Dónde está Alicante?

          —(Está) En el sudeste de España, en la costa mediterránea, cerca de Murcia.

          —Sí.

5 **a)** ¿«Es» o «está»? Completa estas frases con la palabra adecuada.

...... muy antigua.

...... en el sur de España.

...... cerca de Sevilla.

No ... una ciudad muy importante.

...... en la costa atlántica.

...... famosa por sus playas.

...... lejos de Madrid.

...... bastante pequeña.

No ... en el centro de España.

b) Mira otra vez el mapa de España y di qué ciudad puede ser.

6 En grupos de tres o cuatro.

Un alumno piensa en una ciudad, y los otros le hacen preguntas para adivinar cuál es. Él sólo puede responder «sí» o «no».

Ejemplo: —¿Está en Europa?

          —Sí.

          —¿Está en el norte de Europa?

          —No.

          —¿En el sur de Europa?

          —Sí.

          —¿Es una ciudad antigua?

          —Sí.

7 **a)** Escucha e identifica los números:

10.000	diez mil	1.000.000	un millón
100.000	cien mil	1.400.000	un millón cuatrocientos mil
150.000	ciento cincuenta mil	2.000.000	dos millones
200.000	doscientos mil	12.800.000	doce millones ochocientos mil
960.000	novecientos sesenta mil	13.970.000	trece millones novecientos setenta mil

b) Escucha y repite.

c) Di estos números:

200 - 3.000 - 74.000 - 650.000 - 1.250.000 - 831.000 - 2.500.000 - 9.345.000

8 Relaciona:

3.507.000 → unos tres millones y medio.

4.112.000   dos millones aproximadamente.

1.970.000   más de cuatro millones.

2.910.000   casi tres millones.

460.000   menos de medio millón.

9 Pregunta a tu compañero cuál es la capital de su país y cuántos habitantes tiene.

—¿Cuál es la capital de ...?

—......

—¿Cuántos habitantes tiene?

—*(Tiene)* | *Más de...*
Menos de...
Casi...
... aproximadamente.

10 En parejas.

ALUMNO A
¡NO MIRES EL MAPA DE B!

1. Pregunta a tu compañero cuál es la capital de:
Perú   Colombia   Nicaragua

—¿Cuál es la capital de Perú?

Pregúntale también cuántos habitantes tienen y escríbelo.

2. Responde a las preguntas de tu compañero.

3. Comprueba con el mapa de tu compañero.

ALUMNO B
¡NO MIRES EL MAPA DE A!

1. Responde a las preguntas de tu compañero.

2. Pregúntale cuál es la capital de:

México   Bolivia   Venezuela

Pregúntale también cuántos habitantes tienen y escríbelo.

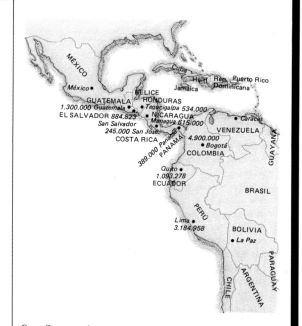

3. Comprueba con el mapa de tu compañero.

11 Usa las palabras de la lista para decir por qué son famosos estos lugares.

Colombia	vino
La Rioja	café
Pamplona	tabaco
La Mancha	Don Quijote
Málaga	playas
Cuba	fiestas de San Fermín

Ejemplo: *Colombia es famosa por el café.*

12 **a)** Escucha esta conversación y di cuál es la foto que corresponde a la ciudad o al pueblo del que están hablando.

b) Escucha otra vez y completa el cuadro.

NOMBRE	
SITUACIÓN	
NÚMERO DE HABITANTES	
¿CÓMO ES?	
ES FAMOSA POR...	
¿QUÉ TIENE?	

13 Lee estos significados de la palabra «pueblo» y subraya el que has estudiado en esta lección.

pue·blo [pwéβlo] *s/m* **1.** Grupo de individuos unidos por una tradición, lengua, cultura e historia comunes: *El pueblo español.* **2.** Conjunto de hombres que, aunque no habiten en un mismo país, están unidos por su origen, por su religión o por cualquier otro vínculo: *El pueblo gitano es un pueblo nómada.* **3.** Conjunto de personas pertenecientes a las clases sociales menos pudientes, que viven de su trabajo, generalmente corporal: *El pueblo ha hablado por las urnas y ha dado la victoria a los socialistas.* **4.** Conjunto de todos los gobernados, en lenguaje político: *El pueblo decidirá la aprobación de esta ley.* **5.** Población pequeña: *Mucha gente de las ciudades vuelve al pueblo a causa del paro.*

Y tú, ¿vives habitualmente en un pueblo o en una ciudad?

14 Haz preguntas a tu compañero sobre su pueblo o su ciudad. Luego háblale del lugar donde vives tú y enséñale las fotos o las postales que tengas.

—¿De dónde eres?

—De...

—...

15 Escribe sobre un pueblo o una ciudad importante, pero no menciones su nombre. Entrega la redacción a tu profesor.

Hablar sobre la situación geográfica de una población

¿Dónde está Sevilla?

En el sur de España.

Al sur de Madrid.

Verbo *estar*

— Localización en el espacio.

Granada está en Andalucía.

(Ver resumen gramatical, apartado 11.2.)

Describir una población

Barcelona es una ciudad moderna y tiene playa.

Verbo *ser*

— Descripción de lugares.

Toledo es una ciudad antigua muy bonita.

— Identidad.

Bogotá es la capital de Colombia.

Preguntar y decir cuál es la capital de un país

¿Cuál es la capital de Cuba?

La Habana.

(Ver resumen gramatical, apartado 11.1.)

Preguntar y decir cuántos habitantes tiene una ciudad

¿Cuántos habitantes tiene Madrid?

Más de tres millones.

Interrogativos

¿Por qué?

(Ver resumen gramatical, apartado 9.8.)

Decir por qué es famoso un lugar

Mi pueblo es famoso por el vino.

1 Relaciona las fotos con estos nombres de habitaciones:

- salón
- dormitorio
- cuarto de baño
- comedor
- cocina
- estudio

Ejemplo: A → salón.

A

B

C

D

E

F

2 **a)** Lee este anuncio. Puedes mirar el diccionario.

> **VENDO PISO**
>
> Plaza Luna, nuevo, exterior, cuatro dormitorios, calefacción, ascensor, garaje, aire acondicionado. Mucha luz, bien comunicado. Muy barato. Tel.: 275 85 90.

b) Escribe lo que sabes sobre ese piso. Usa «está», «es» y «tiene».

Está en la Plaza Luna.

Es nuevo.

Tiene cuatro dormitorios.

3 Escucha la conversación entre Rosa y un amigo sobre la nueva casa de Rosa. Subraya lo que oigas.

El piso de Rosa tiene: dos, tres, cuatro habitaciones.

Está: en el centro, cerca del centro, lejos del centro.

Es: interior, antiguo, tranquilo, bonito, pequeño, grande.

Da a una calle: ancha, estrecha, con mucho tráfico.

Tiene: teléfono, calefacción, aire acondicionado, mucha luz.

No tiene: garaje, ascensor, terraza.

4 Fíjate en la actividad anterior y cuenta a tu compañero cómo es tu casa. Luego toma nota de lo que él te diga sobre su casa.

5 **a)** Busca en el diccionario cinco palabras de la lista:

- sofá
- ducha
- lámpara
- televisión
- mesilla
- frigorífico
- sillón
- escalera
- estantería
- armario
- bañera
- lavabo
- cama
- lavadora
- cocina eléctrica/de gas

b) Pregunta a tus compañeros por el resto.

c) Escribe debajo de cada dibujo la palabra correspondiente.

DUCHA   _____   Sofá

televisión   _____   _____   _____

_____   _____   _____   _____

frigorífico   _____   _____

6 **a)** Escucha estas palabras y escríbelas en la columna correspondiente.

□ □ sofá	□ □ □ lámpara	□ □ □ □ escalera

b) Escucha y subraya la sílaba más fuerte de esas palabras.

7 Mira las fotos de la actividad 1 y elige una habitación. Descríbesela a tu compañero. ¿Sabe cuál es?

Ejemplo: —Hay una mesa, unas sillas, ...

—¿Es la cocina?

—No. También hay...

—¿Es...?

8 Observa los dibujos y numera las frases.

1	Delante de la televisión		Encima de la mesa
	Entre el lavabo y el inodoro		Al lado de la lavadora
	A la izquierda del perro		Detrás de la mesilla
	Debajo del sofá		A la derecha del gato
	En el frigorífico		

9 Un alumno «esconde» su cuaderno en alguna parte de la casa de la actividad 1. Sus compañeros tienen que adivinar dónde está y para ello le hacen preguntas. Podéis grabarlo.

Ejemplo: —¿Está en el comedor?

—*No.*

—¿Está en el dormitorio?

—*Sí.*

—¿Está encima de la cama?

—*No.*

10 Escucha y marca la habitación descrita.

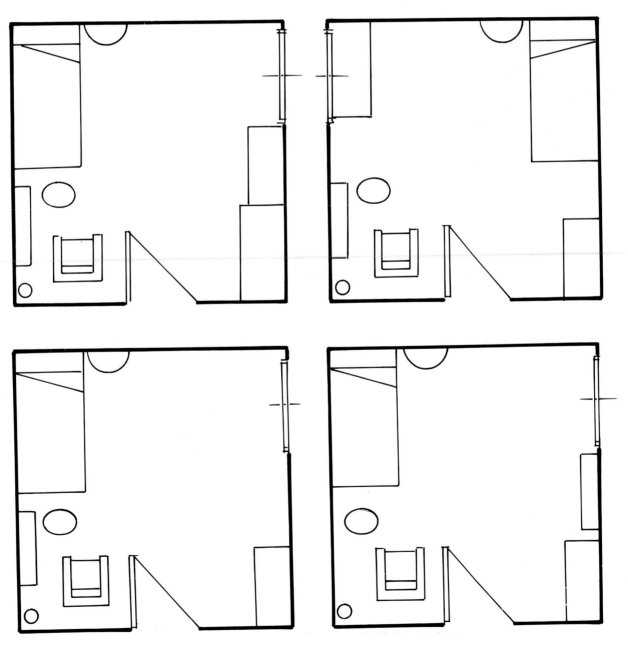

11 En parejas

<table>
<tr><td align="center">ALUMNO A
¡NO MIRES EL DIBUJO DEL ALUMNO B!</td><td align="center">ALUMNO B
¡NO MIRES EL DIBUJO DEL ALUMNO A!</td></tr>
</table>

ALUMNO A	ALUMNO B
1. Pregunta al alumno B qué hay en el salón de su dibujo y haz una lista en tu cuaderno de las cosas que él te diga.	1. Responde a las preguntas de tu compañero. Luego pregúntale qué hay en el salón de su dibujo y haz una lista en tu cuaderno de las cosas que él te diga.
2. Ahora pregúntale dónde están esas cosas y dibújalas donde él te diga.	2. Responde a tu compañero. Luego pregúntale dónde están las cosas de tu lista y dibújalas donde él te diga.
3. Comprobad.	3. Comprobad.

12 Pregunta a tu compañero cómo es su habitación, qué muebles hay y dónde está colocado cada uno. Dibuja un plano con su ayuda.

13 **a)** Usa las notas que has tomado en la actividad 4 y mira el plano de la actividad 12 para escribir sobre la casa y la habitación de tu compañero.

b) Intercambia tu texto con otros compañeros. Lee tres o cuatro textos. ¿Encuentras algo interesante?

COMUNICACIÓN

Describir una casa

¿Cómo es?

Antigua y bastante grande.

¿Cuántas habitaciones tiene?

Tres.

¿Está bien comunicada?

Sí.

Describir una habitación

¿Qué hay en el comedor?

(Hay) Una mesa, cuatro sillas...

¿Dónde está el sofá?

(El sofá está) Enfrente de la ventana.

GRAMÁTICA

***Hay* + artículo indeterminado + sustantivo**

Hay una cama.

(Ver resumen gramatical, apartado 10.1.)

Artículo determinado + sustantivo + *está(n)*

El armario está a la derecha de la ventana.

Los sillones están enfrente del sofá.

(Ver resumen gramatical, apartado 10.2.)

1 Mira este plano de una zona de Madrid y responde a las preguntas.

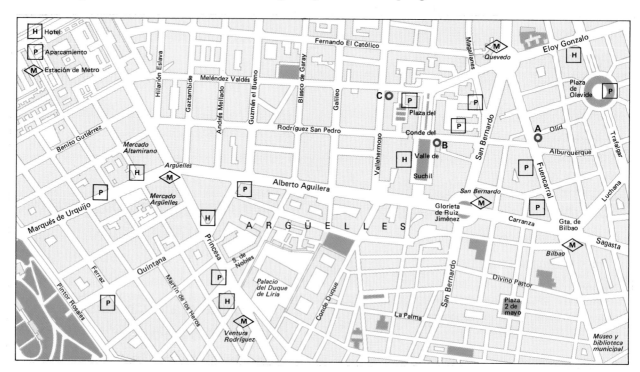

1. —¿Qué barrio aparece?

2. —¿Cuántas estaciones de Metro hay?

3. —¿Están señaladas las paradas de autobús?

4. —¿Dónde hay un aparcamiento?

5. —¿Dónde está el palacio del Duque de Liria?

2 **a)** Busca en el plano dos palabras que se escriban con «g» y otras dos con «j». ¿Cómo se pronuncian?

b) Fíjate:

/x/	/g/
ja	ga
je, ge	gue
ji, gi	gui
jo	go
ju	gu, güe, güi

c) Busca más palabras en el plano y escríbelas en la columna correspondiente.

/x/	/g/
	Rodríguez

d) Escucha y escribe las palabras que oigas en esas mismas columnas.

e) Añade otras palabras que conozcas.

3 **a)** Escucha y lee estos tres diálogos.

1.   *María:*   ¿La calle de San Andrés, por favor?

   Chico: Lo siento, no conozco este barrio. No soy de aquí.

   María: Gracias.

   Chico: De nada.

2.   *María:*   ¿La calle de San Andrés, por favor?

   Chica: La primera a la derecha.

   María: Gracias.

   Chica: Adiós.

3.   *María:*   Oiga, perdone, ¿hay un banco por aquí?

   Señor: Sí, hay uno al final de esta calle, a la izquierda.

   María: ¿Está muy lejos?

   Señor: No, aquí mismo. A unos cinco minutos andando.

   María: Gracias.

b) ¿A cuál de los tres diálogos
corresponde este dibujo?

c) Escucha y repite.

—¿La calle de San Andrés, por favor?

—*Lo siento, no conozco este barrio.*

—Oiga, perdone, ¿hay un banco por aquí?

—*Sí, hay uno al final de esta calle, a la izquierda.*

Está aquí mismo. A unos cinco minutos andando.

4 Mira el plano de la actividad 1. Estás en A (Olid-Fuencarral). ¿Cómo respondes a estas preguntas? Escríbelo.

1.   —¿La calle Alburquerque, por favor?

   —...

2.   —Oiga, perdone, ¿hay una estación de Metro por aquí?

   —...

3.   —Oiga, perdone, ¿hay un aparcamiento por aquí?

   —...

1.ª:	primera
2.ª:	segunda
3.ª:	tercera
4.ª:	cuarta
5.ª:	quinta

5 **a)** Observa estos dibujos y lee las instrucciones en lenguaje formal.

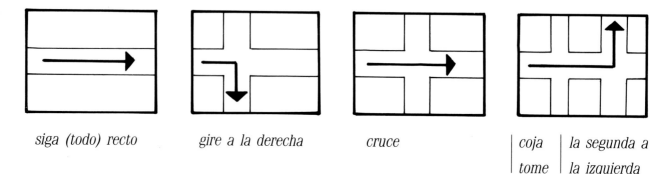

siga (todo) recto   gire a la derecha   cruce   coja | la segunda a
                                                                       tome | la izquierda

b) Lee el diálogo y marca el camino en el plano de la actividad 1 (están en B: Rodríguez San Pedro - plaza del Conde del Valle de Suchil). Puedes usar el diccionario.

—Oiga, perdone, ¿sabe dónde está la plaza del Dos de Mayo?

—Sí, siga todo recto y gire la primera a la derecha. Entonces tome la calle de... San Bernardo y cruce la glorieta de Ruiz Giménez.

—¿Cómo? ¿La glorieta de...?

—Ruiz Giménez. Luego siga todo recto hasta... la tercera a la izquierda. Al final de esa calle está la plaza del Dos de Mayo.

—Entonces... cruzo la glorieta y cojo la tercera a la izquierda...

—Exacto.

—Muchas gracias.

6 Completa este cuadro con formas del imperativo.

VERBO	GIRAR	CRUZAR	TOMAR	PERDONAR	COGER	SEGUIR	OÍR
(Tú)	gira	cruza	toma	perdona	coge	sigue	oye
(Usted)	gire						oiga

7 **a)** Mira el plano de la actividad 1 y piensa en las instrucciones necesarias para ir de C (Vallehermoso-Meléndez Valdés) a los siguientes lugares:

— una estación de Metro   — un hotel

— la plaza del Dos de Mayo   — el Museo Municipal

Escribe esas instrucciones en un cuadro. Pregunta al profesor si tienes dudas.

b) Practica con tu compañero.

— Oye, perdona, ¿hay una estación de Metro por aquí?

— ....

8 Escucha y marca el camino en el plano.

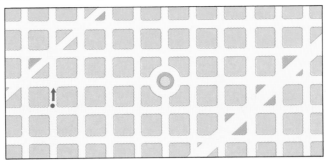

9 En parejas.

ALUMNO A	ALUMNO B
¡NO MIRES EL PLANO DE B!	¡NO MIRES EL PLANO DE A!

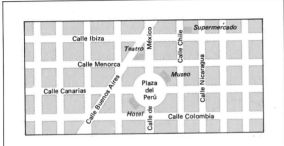
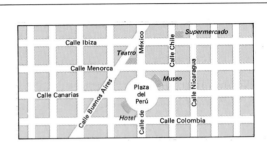

ALUMNO A

1. Marca en el plano:
   — una parada de autobús
   — el Café de la Ópera
   — un estanco
   — el Cine Céntrico

2. Estás en la plaza del Perú. Pregunta a tu compañero por:
   — una farmacia
   — el Restaurante El Siglo
   — una estación de Metro
   — una cabina de teléfono
   y márcalos en el plano.

3. Da instrucciones a tu compañero para ir a los sitios por los que te pregunte.

4. Enseña el plano a tu compañero. ¿Coincide todo con el suyo?

ALUMNO B

1. Marca en el plano:
   — una farmacia
   — el Restaurante El Siglo
   — una estación de Metro
   — una cabina de teléfono

2. Estás en la plaza del Perú. Pregunta a tu compañero por:
   — una parada de autobús
   — el Café de la Ópera
   — un estanco
   — el Cine Céntrico
   y márcalos en el plano.

3. Da instrucciones a tu compañero para ir a los sitios por los que te pregunte.

4. Enseña el plano a tu compañero. ¿Coincide todo con el suyo?

10 **a)** Piensa en un lugar público cercano a donde estás ahora y en cómo se va desde donde estás.

b) Dale las instrucciones necesarias a tu compañero para ir allí. ¿Sabe qué lugar es?

—Coge la calle... y sigue todo recto. Luego gira...

—¡Ah! Es (el Cine...).

—(Sí).

LA HORA

11 Observa este dibujo con atención.

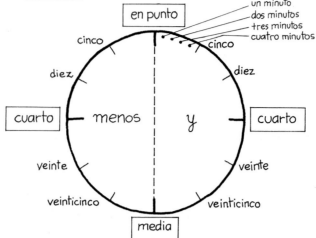

12 Escribe estas horas debajo de los relojes correspondientes: la una en punto, las nueve menos veinticinco, las doce menos cuarto, las seis y media, las siete y diez.

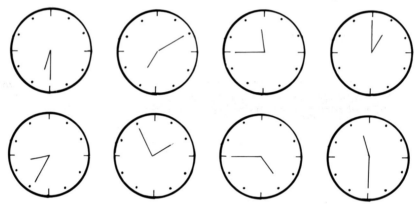

Ahora escribe las horas que faltan.

13 Fíjate en el cuadro. Luego pregunta la hora a tu compañero.

—¿Qué hora es?

(Es) La una	en punto	
	y	media
		cuarto
		cinco
		dos minutos
(Son) Las dos Las tres Las cuatro	menos	cuarto
		cinco
		diez
		dos minutos

14 Escucha y subraya las horas que oigas.

1.   2.30   12.30   3.   3.25   2.35

2.   8.15   8.40   4.   6.10   5.50

15 Juega con tu compañero. Di una hora. Tu compañero cambia la posición de las agujas del reloj y dice la hora correspondiente.

16 **a)** Mira este calendario y ordena los días de la semana. Escríbelos.

			ABRIL			
L	M	Mi	J	V	S	D
1	2	3	4	5	6	**7**
8	9	10	11	12	13	**14**
15	16	17	18	19	20	**21**
22	23	24	25	26	27	**28**
29	30					

jueves   *martes*   *viernes*

domingo   *sábado*   *lunes*

miércoles

lunes.

....

....

....

....

....

....

b) Escucha y comprueba. Luego repite.

17 Observa este cartel con el horario de una tienda y responde a las preguntas:

¿A qué hora abre esa tienda por la mañana?

¿Y por la tarde?

¿A qué horas cierra?

¿Qué horario tiene los sábados?

HORARIO DE ATENCIÓN AL PÚBLICO

MAÑANA: 9 a 2

TARDE: 5 a 8

SÁBADOS: 10 a 2

18 **a)** Lee el siguiente texto y completa el cuadro:

Horarios públicos en España

Si quieres ir de compras, te conviene saber que la mayoría de las tiendas y supermercados abren todos los días, excepto los domingos. El horario normal es de 10 de la mañana a 2 de la tarde y desde las 5 hasta las 8 de la tarde. Sin embargo, algunos grandes almacenes tienen un horario continuo de 10 de la mañana a 9 de la noche y abren algunos domingos.

Al banco se puede ir de lunes a viernes entre las 8.30 de la mañana y las 2 de la tarde. Algunos también abren por la tarde, pero muy pocos. De octubre a mayo también están abiertos los sábados por la mañana, pero cierran una hora antes: a la una.

Si necesitas los servicios de algún centro oficial, también tienes que ir de 9 de la mañana a 2 de la tarde, y los fines de semana están cerrados.

	DE LUNES A VIERNES		FINES DE SEMANA	
	Abren	Cierran	Abren	Cierran
Tiendas				
Supermercados				
Grandes almacenes				
Bancos				
Centros oficiales				

b) ¿VERDADERO O FALSO? Márcalo.

	V	F
Los centros oficiales abren los sábados por la mañana.		
Los grandes almacenes están cerrados todos los domingos.		
Los martes, a las 8.45, los bancos están abiertos.		
Las tiendas cierran a la hora de la comida.		
Todos los supermercados están cerrados los domingos.		

19 Habla con tu compañero sobre los horarios de los establecimientos públicos de su país.

COMUNICACIÓN GRAMÁTICA

Localización de lugares

¿La calle Zurbano, por favor?

Es ésta.

La segunda a la izquierda.

¿Hay un restaurante por aquí?

Sí, hay uno al final de esta calle, a la derecha.

Hablar de distancias

¿Está lejos?

No, aquí mismo, a unos cien metros.

A cinco minutos.

Dar instrucciones para ir a un lugar

Siga todo recto y tome la tercera a la derecha.

Cruce la plaza y gire la primera a la derecha.

Preguntar y decir la hora

—¿Qué hora | es | ?
         | tienes |

(Es) La una y cuarto.

(Son) Las tres y media.

Preguntar e informar sobre horarios públicos.

¿A qué hora abren las tiendas por la tarde?

A las cinco.

Imperativo afirmativo, singular

verbo	tú	usted
tomar	toma	tome
girar	gira	gire
cruzar	cruza	cruce
perdonar	perdona	perdone
....	....	....
coger	coge	coja
seguir	sigue	siga
oír	oye	oiga

(Ver resumen gramatical, apartado 7.4.)

Preposiciones

a
Abren a las cinco.
de
Abren a las cinco de la tarde.
por
También abren los sábados por la tarde.

1 ¿Entiendes estas palabras y expresiones? Pregunta a tus compañeros o al profesor lo que significan las que no conozcas.

2 **a)** Observa los dibujos y lee las frases. ¿Las entiendes?

Me gusta el fútbol.

Me gusta ir al cine.

Me gustan las motos.

No me gusta el tenis.

No me gusta ver la televisión.

No me gustan los ordenadores.

b) Comenta con tu compañero por qué unas veces se dice «gusta» y otras «gustan». Díselo al profesor. ¿Qué diferencias hay con tu lengua?

3 Marca tus gustos personales.

	ME GUSTA	ME GUSTAN	NO ME GUSTA	NO ME GUSTAN
Los ordenadores				
El teatro				
Ir a conciertos				
El español				
Las motos				
Bailar				

4 **a)** Fíjate:

MISMOS GUSTOS	GUSTOS DIFERENTES
—Me gusta(n)　　　　—A mí también	—Me gusta(n)　　　　—A mí no
—No me gusta(n)　　　—A mí tampoco	—No me gusta(n)　　　—A mí sí

b) Pregunta a tu compañero si le gustan las cosas y las actividades de tiempo libre presentadas en la actividad 1. ¿En cuántas coincidís?

5 Escribe sobre los gustos de tu compañero.

A (John) le gusta(n) ... y ..., pero no le gusta(n) ... ni ...

6 En grupos de tres. Usad esta lista para descubrir dos aspectos de la clase de español que os gustan a los tres y otros dos que no os gustan. Luego decídselo a la clase.

Nos gusta(n) ... y ...

No nos gusta(n) ... ni ...

> hablar
> escuchar cintas
> el profesor/la profesora
> leer
> la gramática
> escribir
> este libro
> el horario
> los deberes
> ...

7 Mira el dibujo y lee las frases. Luego escríbelas ordenándolas de más a menos. Pregunta al profesor las palabras que no conozcas.

1. Me encanta
2. ....
3. ....
4. ....
5. No me gusta nada

Y a ti, ¿te gusta ese cuadro? Díselo a la clase.

8 Escucha estos sonidos y estos fragmentos de música y di si te gustan o no.

9 **a)** Fíjate:

(A mí)	me	gusta	el cine
(A ti)	te	encanta	jugar al fútbol
(A él / ella / usted)	le		
(A nosotros / nosotras)	nos	gustan	las motos
(A vosotros / vosotras)	os	encantan	
(A ellos / ellas / ustedes)	les		

b) Ahora completa las frases. Puedes usar el diccionario.

1. A mi compañero ....

2. A mí ....

3. A los hombres les encanta ....

4. A las mujeres les ....

5. A mi profesor ....

6. A los estudiantes no ....

7. .... los estudiantes que no hablan español en clase.

8. .... viajar fuera de mi país.

c) Lee en voz alta lo que has escrito. ¿Coincides con alguno de tus compañeros?

10 ¿VERDADERO O FALSO? Escucha y marca.

	V	F
A Carlos le gusta mucho el esquí.		
A María no le gusta nada el fútbol.		
A Carlos no le gusta leer.		
A los dos les encanta bailar.		
Carlos y María tienen los mismos gustos.		

¿CONOCES BIEN A TU COMPAÑERO?

11 **a)** Marca sus posibles gustos en este cuestionario.

	Le encanta(n)	Le gusta(n) mucho	Le gusta(n)	No le gusta(n)	No le gusta(n) nada
El fútbol					
Ver la televisión					
Cocinar					
Los niños					
La música clásica					
La música pop					
Prince					
Julio Iglesias					
Las películas de ciencia-ficción					

b) Ahora pregúntale y marca sus respuestas con otro color.

c) Comparad las respuestas con los posibles gustos. ¿Quién tiene más aciertos?

CUESTIÓN DE LÓGICA.

12 Lee las claves y completa el cuadro.

1. La enfermera vive en Barcelona.
2. Al abogado le gusta el esquí.
3. A Manolo le encanta el tenis.
4. Manolo no es abogado.

5. Javier vive en Valencia.
6. El que vive en Bilbao es periodista.
7. A Luisa le gusta mucho el fútbol.

NOMBRE	PROFESIÓN	CIUDAD	LE GUSTA

13 **a)** Prepara otro problema de lógica.

b) Dáselo a tu compañero para ver si lo resuelve.

■■■ Y TAMBIÉN...

1 Lee esta lista y responde a las preguntas.

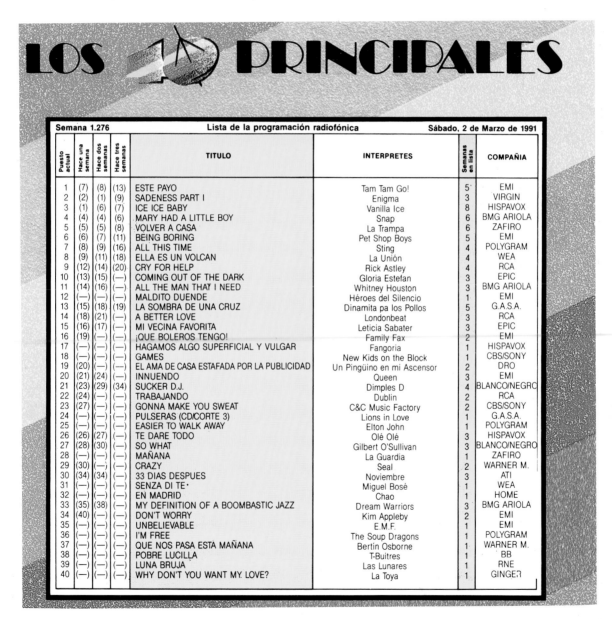

LOS PRINCIPALES

Semana 1.276				Lista de la programación radiofónica		Sábado, 2 de Marzo de 1991	
Puesto actual	Hace una semana	Hace dos semanas	Hace tres semanas	TITULO	INTERPRETES	Semanas en lista	COMPAÑIA
1	(7)	(8)	(13)	ESTE PAYO	Tam Tam Go!	5	EMI
2	(2)	(1)	(9)	SADENESS PART I	Enigma	3	VIRGIN
3	(1)	(6)	(7)	ICE ICE BABY	Vanilla Ice	8	HISPAVOX
4	(4)	(4)	(6)	MARY HAD A LITTLE BOY	Snap	6	BMG ARIOLA
5	(5)	(5)	(8)	VOLVER A CASA	La Trampa	6	ZAFIRO
6	(6)	(7)	(11)	BEING BORING	Pet Shop Boys	5	EMI
7	(8)	(9)	(16)	ALL THIS TIME	Sting	4	POLYGRAM
8	(9)	(11)	(18)	ELLA ES UN VOLCAN	La Unión	4	WEA
9	(12)	(14)	(20)	CRY FOR HELP	Rick Astley	4	RCA
10	(13)	(15)	(—)	COMING OUT OF THE DARK	Gloria Estefan	3	EPIC
11	(14)	(16)	(—)	ALL THE MAN THAT I NEED	Whitney Houston	3	BMG ARIOLA
12	(—)	(—)	(—)	MALDITO DUENDE	Héroes del Silencio	1	EMI
13	(15)	(18)	(19)	LA SOMBRA DE UNA CRUZ	Dinamita pa los Pollos	5	G.A.S.A.
14	(18)	(21)	(—)	A BETTER LOVE	Londonbeat	3	RCA
15	(16)	(17)	(—)	MI VECINA FAVORITA	Leticia Sabater	3	EPIC
16	(19)	(—)	(—)	¡QUE BOLEROS TENGO!	Family Fax	2	EMI
17	(—)	(—)	(—)	HAGAMOS ALGO SUPERFICIAL Y VULGAR	Fangoria	1	HISPAVOX
18	(—)	(—)	(—)	GAMES	New Kids on the Block	1	CBS/SONY
19	(20)	(—)	(—)	EL AMA DE CASA ESTAFADA POR LA PUBLICIDAD	Un Pingüino en mi Ascensor	2	DRO
20	(21)	(24)	(—)	INNUENDO	Queen	3	EMI
21	(23)	(29)	(34)	SUCKER D.J.	Dimples D	4	BLANCO/NEGRO
22	(24)	(—)	(—)	TRABAJANDO	Dublin	2	RCA
23	(27)	(—)	(—)	GONNA MAKE YOU SWEAT	C&C Music Factory	2	CBS/SONY
24	(—)	(—)	(—)	PULSERAS (CD/CORTE 3)	Lions in Love	1	G.A.S.A.
25	(—)	(—)	(—)	EASIER TO WALK AWAY	Elton John	1	POLYGRAM
26	(26)	(27)	(—)	TE DARE TODO	Olé Olé	3	HISPAVOX
27	(28)	(30)	(—)	SO WHAT	Gilbert O'Sullivan	3	BLANCO/NEGRO
28	(—)	(—)	(—)	MAÑANA	La Guardia	1	ZAFIRO
29	(30)	(—)	(—)	CRAZY	Seal	2	WARNER M.
30	(34)	(34)	(—)	33 DIAS DESPUES	Noviembre	3	ATI
31	(—)	(—)	(—)	SENZA DI TE·	Miguel Bosé	1	WEA
32	(—)	(—)	(—)	EN MADRID	Chao	1	HOME
33	(35)	(38)	(—)	MY DEFINITION OF A BOOMBASTIC JAZZ	Dream Warriors	3	BMG ARIOLA
34	(40)	(—)	(—)	DON'T WORRY	Kim Appleby	2	EMI
35	(—)	(—)	(—)	UNBELIEVABLE	E.M.F.	1	EMI
36	(—)	(—)	(—)	I'M FREE	The Soup Dragons	1	POLYGRAM
37	(—)	(—)	(—)	QUE NOS PASA ESTA MAÑANA	Bertín Osborne	1	WARNER M.
38	(—)	(—)	(—)	POBRE LUCILLA	T-Buitres	1	BB
39	(—)	(—)	(—)	LUNA BRUJA	Las Lunares	1	RNE
40	(—)	(—)	(—)	WHY DON'T YOU WANT MY LOVE?	La Toya	1	GINGER

¿De qué es?

¿Existe alguna lista parecida en tu país?

¿Qué tipo de música te gusta? ¿Tienes algún cantante o grupo favorito? ¿Cuál es?

¿Te gusta algún otro tipo de música? ¿Cuál?

2 **a)** Subraya títulos de canciones y nombres de intérpretes en español. ¿Cuántos has encontrado?

b) Ahora léelos con atención y completa el cuadro con:

- una profesión

- un mes

- una palabra que no es española y que significa «adiós»

- una palabra que significa lo contrario de «antes»

- una cosa que normalmente tienen los edificios de varios pisos.

PALABRA	PUESTO N.º

3 **a)** Haz una lista con tus cinco canciones favoritas.

b) Traduce sus títulos al español. Puedes usar el diccionario.

c) En grupos. Di a tus compañeros los títulos en español. ¿Saben qué canciones son?

COMUNICACIÓN GRAMÁTICA

Expresar gustos personales

Me gustan las discotecas y las motos.

No me gusta el fútbol ni el tenis.

Me gusta leer pero no me gusta el cine.

Expresar coincidencia y diferencia de gustos

Me gusta mucho este cuadro.

A mí también.

A mí no.

No me gustan los ordenadores.

A mí tampoco.

A mí sí.

Expresar diversos grados de gustos personales

A mi abuela le encanta bailar.

A Pepe le gusta mucho ver la televisión.

Me gusta la clase de español.

A Olga no le gustan los niños.

No me gusta nada este disco.

Verbo *gustar*

Gusta

¿Te gusta el teatro?

¿Te gusta bailar?

Gustan

¿Te gustan los coches?

(Ver resumen gramatical, apartado 12.)

También, tampoco, sí, no

(Ver resumen gramatical, apartado 13.)

Pronombres de objeto indirecto

(A mí)	Me
(A ti)	Te
(A él/ella/usted)	Le
(A nosotros/nosotras)	Nos
(A vosotros/vosotras)	Os
(A ellos/ellas/ustedes)	Les

A vosotros os gusta mucho la música clásica, ¿verdad?

(Ver resumen gramatical, apartados 8.3. y 8.5.)

1 **a)** Tienes dos minutos para buscar los contrarios de:

cerca   a la derecha   modernas   debajo   aburrida   cerrado

bonitos   ruidosa   delante   poco   grandes   no me gusta nada   norte

b) En parejas. Por turnos. Elige una de estas palabras o expresiones y dísela a tu compañero. Él tiene que decir lo contrario. Si está bien, tiene un punto; si está mal, cero puntos. Gana el que obtiene más puntos.

JUEGO DE FRASES.

2 En grupos de cuatro. Juega con un dado y una ficha de color diferente a la de tus compañeros.

1. Por turnos. Tira el dado y avanza el número de casillas que indique.

2. Di una frase correcta con la(s) palabra(s) de la casilla donde estás.

3. Si tus compañeros dicen que está mal, retrocede a donde estabas.

SALIDA	1 cuánto	2 hay	3 a mí	4 sabe	5 jugar	6 a la izquierda	7 nos
							8 está
26 mí	27 sigue	28 detrás	29 dedicas	30 por qué	31 final		9 qué
25 cuál					32 ver		10 gustan
24 verdad					33 les		11 recto
23 también			LLEGADA	35 hasta	34 tampoco		12 quién
22 aquí							13 ti
21 encanta	20 por	19 oiga	18 es	17 se	16 debajo	15 ir	14 al

3 **a)** Escucha y haz una lista de los muebles que hay en la habitación de Alfonso.

b) Escucha de nuevo y dibuja cada mueble (o escribe su nombre) en el lugar donde está.

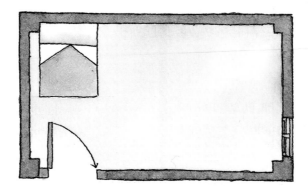

4 **a)** Coloca los muebles de la lista en el salón. Dibújalos o escribe sus nombres donde quieras.

— una mesa redonda

— cuatro sillas

— un sofá

— un sillón

— una mesita cuadrada

— una estantería.

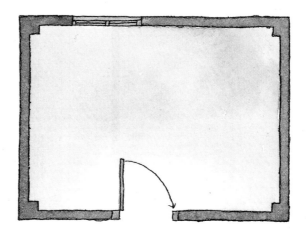

b) Ahora di a tu compañero dónde está cada mueble para que lo dibuje o lo escriba donde tú le digas.

c) Compara tu salón con el de tu compañero. ¿Ha colocado bien todos los muebles? Comentadlo con el profesor. Si queréis podéis repetir la actividad con otro compañero.

5 **a)** Quieres alquilar una habitación. Has comprado el periódico y aparece este anuncio. Léelo y marca verdadero o falso.

	V	F
1. Es un primer piso.		
2. Ahora sólo vive una persona en él.		
3. Es un piso de 50 metros cuadrados.		
4. Cada persona paga 50.000 pesetas al mes.		

ALQUILO

VILLALAR, C/, zona Retiro. Ático de tres habitaciones, compartir con dos chicos, 50 m de terraza, ascensor, teléfono, calefacción. 50.000 ptas./mes más gastos comunes. Tel.: 419 93 12.

b) En parejas.

ALUMNO A	ALUMNO B
¡NO MIRES LA PARTE DE B!	**¡NO MIRES LA PARTE DE A!**

1. Llamas por teléfono a ese piso: Vas a ir a verlo a las seis de la tarde y preguntas:

   — la dirección exacta;

   — cómo se va (estás en la esquina de las calles de Montalbán y Alfonso XII).

   Marca el camino en el plano.

2. Comprueba con el plano de tu compañero.

1. Vives en ese piso y A te llama por teléfono. Va a ir a verlo a las seis de la tarde. Mira el plano y responde a sus preguntas sobre:

   — la dirección del piso;

   — cómo se va desde la esquina de las calles de Montalbán y Alfonso XII.

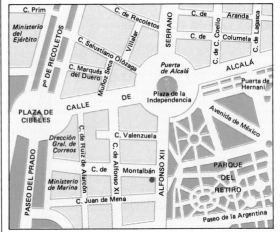

2. Comprueba si tu compañero ha marcado bien el camino que le has dicho.

c) En dos grupos.

Grupo A: Decidid qué preguntas vais a hacer cuando estéis en el piso sobre las personas que viven allí.

Grupo B: Pensad en las personas que viven en ese piso y decidid de dónde son, su edad, qué hacen, etcétera.

d) En parejas.

Alumno A: Te gusta mucho el piso y le haces al alumno B las preguntas que habéis decidido en el apartado anterior. ¿Decides compartirlo?

Alumno B: Le enseñas el piso al alumno A y respondes a las preguntas que te hace.

6 **a)** Escucha esta música.

b) En parejas. Pensad en una persona a la que le guste mucho. Escribid sobre ella (sexo, edad, profesión, domicilio, descripción física, carácter y gustos).

c) Ahora escucha esta parte de otra canción.

d) En parejas. Pensad en otra persona a la que le guste mucho y escribid sobre ella.

e) En grupos de cuatro. Habla con el resto del grupo sobre esas personas. ¿Cuántas cosas tienen en común?

7 **a)** ¿VERDADERO O FALSO? Marca lo que creas en la columna «antes de leer».

ANTES DE LEER   DESPUÉS DE LEER

V	F		V	F
		Sevilla está en el centro de España.		
		Está a unos 500 kilómetros de Madrid.		
		Por Sevilla pasa un río.		
		Tiene un millón de habitantes aproximadamente.		
		En muchas casas del centro de Sevilla sólo vive una familia.		

b) Ahora lee estos dos párrafos de un folleto turístico y marca en la columna «después de leer». Compara tus respuestas con las anteriores.

Sevilla, la ciudad más importante de Andalucía, se halla situada al sur de Madrid, a 542 kilómetros por carretera. Por ella pasa el río Guadalquivir, al que los romanos llamaron Betis. Es puerto fluvial y escala de muchas compañías de navegación españolas y extranjeras. También está excelentemente comunicada por tierra y aire. Desde el aeropuerto (San Pablo) hay vuelos directos a Alicante, Barcelona, Bilbao, Canarias, Madrid, Málaga, Palma de Mallorca, Santiago de Compostela y Valencia.

La estructura urbana de Sevilla, cuya población supera los 600.000 habitantes, fue construida en la Edad Media pensando en cómo evitar el calor del verano. Por eso tiene tantas calles estrechas, pasajes y plazas pequeñas. Las casas, en gran parte habitadas por una sola familia, suelen ser blancas, con flores en las ventanas, y muchas de ellas tienen un patio, herencia a la vez romana y oriental.

8 En parejas.

    a) Escribid un texto de presentación de la ciudad donde estáis. Podéis consultar folletos turísticos.

    b) Incluid también una lista de lugares de interés y marcadlos en un plano de esa ciudad.

    c) Pasad el texto a otra pareja y corregid el suyo.

    d) Comentad con la otra pareja los posibles errores.

    e) Si habéis cometido errores, escribid de nuevo el texto.

    f) Pegad el texto, el plano y alguna foto de esa ciudad en una cartulina grande y ponedla en una pared de la clase.

1 **a)** Mira este dibujo del número seis de la calle de la Rosaleda a las ocho de la mañana de un día normal. Luego lee el texto y subraya lo que no entiendas.

«Todos los días me levanto a las tres de la tarde y como a las cuatro, más o menos. Luego paso la tarde leyendo novelas policíacas o voy al cine. Ceno sobre las diez de la noche y empiezo a trabajar a las once. Me encantan la noche y mi trabajo. Termino de trabajar a las seis y media de la mañana y vuelvo a casa un cuarto de hora más tarde. Desayuno a las siete, leo el periódico y siempre me acuesto a las ocho.»

b) Di a qué persona del dibujo corresponde este texto.

2 Y tú, ¿a qué hora haces esas cosas normalmente? Escríbelo. Fíjate en el texto de la actividad 1.

Me levanto a las ...

3 Escucha y repite lo que oigas sólo si es verdadero. Si es falso, no digas nada.

4 Completa el cuadro con las formas verbales que faltan. Puedes consultar el texto de la actividad 1.

PRESENTE DE INDICATIVO (SINGULAR)

-AR

	trabajar	desayunar	terminar	cenar	empezar
yo	trabajo	desayuno			empiezo
tú	trabajas		terminas		empiezas
él / ella / usted	trabaja			cena	

	llamarse	levantarse	acostarse
yo me	llamo		
tú te	llamas	levantas	acuestas
él / ella / usted se	llama		

-ER

	tener	comer	volver	hacer
yo	tengo			hago
tú	tienes	comes	vuelves	haces
él / ella / usted	tiene		vuelve	

-IR

	vivir	salir
yo	vivo	salgo
tú	vives	sales
él / ella / usted	vive	

Verbo «ir»

yo	
tú	vas
él / ella / usted	va

5 **a)** En grupos de cuatro. Habla con tus compañeros y pregúntales a qué hora hacen habitualmente estas cosas. Anótalo.

	Tú			
Levantarse				
Desayunar				
Empezar a trabajar / las clases				
Comer				
Terminar de trabajar / las clases				
Volver a casa				
Cenar				
Acostarse				

—¿A qué hora te levantas?

—*A las ... (de la ...). ¿Y tú?*

—...

b) Mira el cuadro y responde a las preguntas.

¿Quién de vosotros se levanta antes?

¿Quién se acuesta más tarde?

¿Quién come antes?

¿Quién cena más tarde?

¿Quién vuelve a casa más tarde?

6 **a)** Escucha la conversación de Eduardo con una amiga sobre su tía y haz una lista de las horas que oigas.

b) Escucha de nuevo y escribe qué hace la tía a cada una de esas horas.

7 **a)** En grupos de tres. ¿Qué creéis que hacen en un día normal los otros vecinos de Rosaleda, 6? Elegid dos de ellos y decidid qué hace cada uno.

> Ejemplo: Yo creo que el señor Andrés no trabaja.
>
> > Se levanta a ...

b) Decídselo a la clase. ¿Están de acuerdo vuestros compañeros?

8 Observa este dibujo y lee el texto. Tu profesor tiene la información que falta. Pídesela y rellena los espacios en blanco.

Se llama _____ y vive en _____

con _____. Todos los días se levanta

a las _____ y desayuna en casa. Luego va a

trabajar. Es _____. Por las

mañanas trabaja en _____. Por las tardes

_____. Vuelve a casa a las _____,

cena con _____ y se acuesta a las _____.

—¿Cómo se llama?

—...

—¿Dónde vive?

—...

—¿Con quién vive?

—...

¡CREA OTRO PERSONAJE DIFERENTE!

9 **a)** Fíjate en el esquema anterior y escribe sobre un personaje imaginario. Puedes usar el diccionario.

b) Pregunta a tu compañero por su personaje. ¿Es más raro que el tuyo?

10 En grupos de seis. Elige a una de estas personas y piensa qué hace todos los días y a qué hora. Luego díselo a tus compañeros. ¿Saben quién es?

■■■■ **Y TAMBIÉN...**

1 **a)** Lee este chiste.

Forges. *El Mundo*, 26-3-91.

b) En parejas, responded a las preguntas. Podéis usar el diccionario.

1. ¿Dónde trabaja este señor?
2. ¿Qué profesión tiene?
3. ¿Qué hora crees que es? ¿Por qué?
4. ¿Es normal tener una clase de yoga en el trabajo?
5. ¿Qué quiere expresar el autor de este chiste?

c) Comentad vuestras respuestas con la clase.

RECUERDA

COMUNICACIÓN GRAMÁTICA

Hablar de hábitos cotidianos

¿A qué hora te levantas?
A las ocho.
¿Comes en casa?
No, en el trabajo.
¿Qué haces por la tarde?
Voy a clases de música.

Presente de indicativo, singular

— Verbos regulares
   desayunar, comer, terminar, cenar, levantarse
   (Ver resumen gramatical, apartado 7.1.1.)

— Verbos irregulares
   ir
   (Ver resumen gramatical, apartado 7.1.2.1.)
   empezar (**e → ie**)
   volver, acostarse (**o → ue**)
   (Ver resumen gramatical, apartado 7.1.2.2.)
   hacer, salir
   (Ver resumen gramatical, apartado 7.1.2.4.)

Pronombres reflexivos
me, te, se
(Ver resumen gramatical, apartado 8.4.)

1 **a)** Busca en un diccionario o pregunta el significado de las palabras o expresiones del recuadro que no conozcas.

ir de compras	*ir a conciertos*	*lavar la ropa*	*hacer la limpieza*	*pasear*
montar en bicicleta	*cocinar*	*ir al campo*	*esquiar*	*comer/cenar fuera*
hacer deporte	*hacer la compra*	*ir de copas*		*ver exposiciones*

b) Observa los dibujos y escribe debajo de cada uno la palabra o expresión correspondiente.

Montar en bicicleta

_____

_____

_____

_____

_____

2 ¿Te gusta hacer las cosas de la lista anterior? ¿Y a tu compañero? Coméntalo con él.

—A mí no me gusta ir de compras, ¿y a ti?

—A mí | *tampoco.*
| *sí.*
| *me gusta mucho.*
| *me encanta.*

3 **a)** Escucha estas palabras y escríbelas en la columna correspondiente.

ai	ei
bailar	veinte

b) Escucha y comprueba.

c) Escucha y repite.

¿QUÉ HACEMOS LOS FINES DE SEMANA?

4 Lee lo que dicen estas personas. ¿Qué actividades del recuadro 1a) mencionan?

Maite Larrauri y Juan Pozas,
enfermera y arquitecto.
Casados, 28 y 32 años.

Concha Plaza, médica, divorciada.
51 años.

«Los sábados nos levantamos tarde. Por la mañana hacemos la limpieza y la compra. Por la tarde leemos un poco o escuchamos música y por la noche cenamos fuera, vamos al cine o a algún concierto... y luego de copas. Los domingos por la mañana normalmente vamos a ver alguna exposición y a veces comemos con la familia. Luego pasamos la tarde en casa y nos acostamos pronto».

«Pues yo voy al campo muchos fines de semana. Los sábados que estoy en Madrid me levanto a la hora de todos los días y a veces voy de compras. Por la tarde siempre salgo con algún amigo y vamos al cine, al teatro, a bailar... Los domingos son mucho más tranquilos: me gusta comer en casa y por la tarde no salgo. Es cuando realmente descanso».

5 Completa este esquema gramatical. Puedes consultar el texto de la actividad anterior.

PRESENTE DE INDICATIVO (PLURAL)

-AR

	cenar	levantarse	acostarse
nosotros	cenamos	nos levantamos	
vosotros	cenáis	os	os acostáis
ellos/as ustedes	cenan	se	se acuestan

-ER

	hacer	comer	leer	
nosotros	hacemos		leemos	volvemos
vosotros	hacéis	coméis		volvéis
ellos/as ustedes	hacen			vuelven

-IR

	vivir	salir
nosotros	vivimos	
vosotros	vivís	
ellos/as ustedes	viven	

Verbo «ir»

nosotros	
vosotros	vais
ellos/as ustedes	van

6 **a)** Escucha esta conversación entre Sara y Alfonso sobre lo que hacen el fin de semana. Numera las actividades siguiendo el orden en que las oigas.

		SARA Y SU MARIDO	ALFONSO Y SU MUJER
	Pasear		
1	Ir al campo		
	Trabajar en el jardín		
	Ir al cine		
	Salir		
	Ir al teatro		
	Hacer la limpieza		
	Montar en bici		
	Ir a conciertos		

b) A Sara y a su marido les gusta mucho el campo y a Alfonso y a su mujer, la ciudad. ¿Qué actividades crees que hace cada pareja? Márcalo en el cuadro.

c) Escucha y comprueba.

7 En parejas (A-B). Imaginad que sois amigos y vivís juntos. Escribid cinco cosas que hacéis juntos y tres que hacéis por separado los fines de semana.

Ejemplo: Siempre vamos al campo...

8 Cambio de parejas (A-A y B-B). Hablad de lo que hacéis los fines de semana.

—¿Qué hacéis los fines de semana?

—*Pues (nos levantamos) .... ¿Y vosotros?*

—Nosotros ...

9 En parejas A-B de nuevo. Comentad lo que hacen esos amigos los fines de semana. ¿Hacen algo divertido o algo raro?

10 **a)** Fíjate:

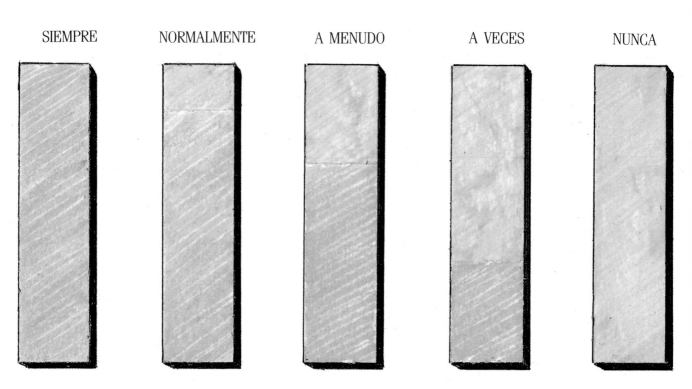

SIEMPRE   NORMALMENTE   A MENUDO   A VECES   NUNCA

b) Lee de nuevo los textos de la actividad 4 y busca esas expresiones de frecuencia. ¿Cuántas aparecen?

c) Piensa en las cosas que haces tú los sábados y escríbelo.

Siempre ....

Normalmente ....

.... a menudo.

A veces ....

No .... nunca ....

11 ¿VERDADERO O FALSO? Pregunta a tus compañeros y márcalo.

	V	F
1. Dos personas de esta clase se acuestan siempre tarde.		
2. Uno de vosotros no ve nunca la televisión.		
3. Cuatro personas de esta clase llevan siempre vaqueros.		
4. Todos vais al cine a menudo.		
5. Dos de vosotros llegáis normalmente tarde a clase.		
6. Tres personas de esta clase no hacen nunca los deberes.		

—¿Te acuestas siempre tarde?

— | *Sí* | *¿Y tú?*
   | *No* |

—Yo | también.
    | no.
    | tampoco.
    | sí.

12 **a)** Piensa en lo que haces los fines de semana. Si necesitas alguna palabra, pregúntasela al profesor.

b) Habla con tu compañero sobre sus fines de semana y toma nota.

¡SOY YO!

13 **a)** Usa la información de la actividad anterior y escribe sobre los fines de semana de tu compañero.

b) Dale el papel que has escrito al profesor y pídele otro.

c) Lee en voz alta el papel que te ha dado el profesor hasta que otro alumno reconozca su texto y diga: «¡Soy yo!».

1 Lee este artículo de un periódico y pregunta al profesor las palabras que no entiendas. Luego escribe las respuestas a estas preguntas.

LOS ESPAÑOLES, LOS SEGUNDOS «TELEADICTOS» DE LA CE

Según los resultados de un informe elaborado por el Centro Italiano de Estudios de Tendencias Sociales, los españoles somos los segundos «teledependientes» de la Comunidad Europea (CE). Consumimos un total de 207 minutos diarios frente al televisor. Con estos datos podemos afirmar que la televisión o «caja tonta», como la llamamos muchos españoles, es uno de nuestros pasatiempos preferidos, o, incluso, uno de nuestros vicios secretos. Pero lo más preocupante de estas cifras es que el telespectador más adicto es el público infantil.

Los españoles somos superados en la adición televisiva sólo por los británicos, con 228 minutos diarios, y nos siguen los franceses (178), los irlandeses (145), los holandeses (140), los alemanes (137), los belgas (132), los italianos (129) y los daneses (113).

(El Independiente, 8-12-90. Adaptado.)

a) ¿Qué es la CE?

b) ¿Cuántos minutos diarios ven los españoles la televisión?

c) ¿En qué país de la CE se ve más la televisión?

d) ¿Qué personas ven más la televisión en España?

e) ¿De qué dos formas llaman en este artículo a las personas que ven mucho la televisión?

f) ¿Cómo llaman muchos españoles a la televisión?

2 Piensa en estas cuestiones. Puedes usar el diccionario. Luego coméntalas con tus compañeros.

● ¿Aparece tu país en el artículo? En caso negativo, ¿crees que en tu país veis la televisión más que en España?

● ¿Qué personas crees que ven más la televisión?

● ¿Y tú, ves mucho la televisión? ¿Cuántas horas al día?

● ¿La ves los fines de semana?

● ¿Qué tipo de programas te gustan?

3 En parejas. Escribid un aspecto positivo y otro negativo que tiene la televisión. Podéis usar el diccionario. Luego decídselo a la clase.

4 **a)** Mira este chiste.

Estilo, 4-11-90.

b) En parejas. Intentad dibujar otro chiste sobre la televisión.

COMUNICACIÓN GRAMÁTICA

Hablar de hábitos y actividades del fin de semana

¿Qué haces los sábados por la mañana?

Normalmente me levanto tarde y luego hago la compra.

Nosotros salimos todos los sábados por la tarde. ¿Y vosotros?

Nosotros también.

Decir con qué frecuencia hacemos cosas

Siempre llego tarde a clase.

Normalmente me levanto a las ocho.

Mi amigo Raúl me escribe a menudo.

A veces llega tarde a clase.

No hago nunca los deberes.

Nunca hago los deberes.

Presente de indicativo, singular y plural

— Verbos regulares

(Ver resumen gramatical, apartado 7.1.1.)

— Verbos irregulares

ir

(Ver resumen gramatical, apartado 7.1.2.1.)

volver, acostarse **(o → ue)**

(Ver resumen gramatical, apartado 7.1.2.2.)

hacer, salir

(Ver resumen gramatical, apartado 7.1.2.4.)

Pronombres reflexivos

nos, os, se

(Ver resumen gramatical, apartado 8.4.)

La frecuencia

siempre, normalmente, a menudo, a veces, nunca

(Ver resumen gramatical, apartado 14.1.)

1 **a)** Lee estas palabras y expresiones y pregunta al profesor qué significan las que no conozcas.

taxista	fotógrafo	corta el pelo	toca la guitarra
hace fotos	profesora	conduce un taxi	azafata
da clases	atiende a los pasajeros	músico	peluquero

b) Completa con las palabras y frases del recuadro anterior.

Tomás es **músico**. **Toca la guitarra** en un grupo de rock.

Olga es _____. _____ por Madrid.

Margarita es _____. _____ de Matemáticas en un Instituto.

Elisa es _____. _____ de un avión.

Nacho es _____. _____ para revistas de moda.

Jaime es _____. _____ en una peluquería unisex.

2 En grupos de tres o cuatro.

a) Piensa en lo que haces en tu trabajo. Si eres estudiante, elige otra profesión que te guste.

b) Explícaselo como puedas a tus compañeros.

c) ¿Hace alguno de tus compañeros algo extraño o interesante? ¿Has aprendido alguna palabra nueva? Díselo a la clase.

3 Observa los dibujos y di qué medios de transporte puedes utilizar en tu pueblo o tu ciudad.

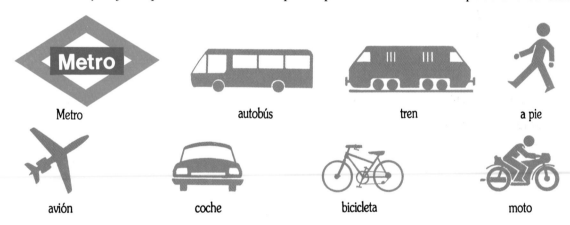

| Metro | autobús | tren | a pie |

| avión | coche | bicicleta | moto |

4 **a)** Fíjate: **b)** Escucha y lee.

		coche
		autobús
		Metro
Ir Venir	en	moto
		tren
		taxi
		bicicleta
		avión
	andando a pie	

—¿Cómo vas al trabajo?

—*En coche.*

—¿Cuánto tardas en llegar?

—*Unos veinte minutos. Y tú, ¿cómo vienes a clase?*

—Andando.

—*¿Y cuánto tardas?*

—Diez minutos.

Escucha y repite.

5 Habla con tus compañeros y descubre:

- Cuál es el medio de transporte más usado por la clase.
- Quién tarda menos en llegar a clase.
- Quién tarda más.

6 Ordena, de más a menos, estas expresiones de frecuencia:

una vez al día   *muchas veces al día*   *nunca*

tres veces al mes   *una vez cada tres días*

cuatro o cinco veces al año   *una vez* | *a la* | *semana*
                                                           | *por* |

1. *muchas veces al día*
2. _____
3. _____
4. _____
5. _____
6. _____
7. _____

7 Pregunta a tus compañeros y escribe el nombre de uno de ellos en cada caso.

¿Quién ...	NOMBRE
... coge el tren una vez a la semana?	
... estudia dos horas al día en casa?	
... tiene tres meses de vacaciones al año?	
... trabaja cuarenta horas a la semana?	
... coge el Metro una vez cada dos días?	
... tiene un día libre por semana?	
... viaja en avión una vez cada tres o cuatro meses?	

—¿Cuántas veces coges el tren a la semana?

—...

—¿Cuántas horas al día estudias en casa?

—...

8 **a)** ¿Con qué frecuencia haces estas cosas en tu trabajo? Escríbelo en la columna correspondiente.

	TÚ	TU COMPAÑERO
Ir al extranjero		
Hablar con tu jefe		
Comer con clientes		
Hablar por teléfono		
Llegar tarde		

b) Ahora pregúntale a tu compañero y anota sus respuestas.

—¿Vas al extranjero a menudo?

—Sí. *(Una vez al mes.)*

Bastante. *(Una vez cada cuatro meses.)*

No. *(Voy poco.) (Una vez cada dos años.)*

No. *(No voy nunca.)*

c) Comparad vuestras respuestas. ¿Coincidís en algo?

9 Lee lo que dicen Olga y Nacho.

LO QUE MÁS ME GUSTA DE MI TRABAJO ES HABLAR CON LA GENTE. LO QUE MENOS, EL HORARIO.

PUES A MÍ LO QUE MÁS ME GUSTA ES QUE ES UN TRABAJO CREATIVO. LO QUE MENOS, QUE GANO POCO.

10 **a)** Piensa en lo que más y en lo que menos te gusta de:

- tu trabajo.
- tu pueblo o tu ciudad.
- el español.
- el centro donde estudias.
- la clase de español.

Pídele ayuda al profesor si la necesitas.

b) Coméntalo con tu compañero.

11 **a)** Relaciona preguntas y respuestas (sólo hay una posibilidad para cada caso).

—¿Trabajas los fines de semana?

—¿Qué horario tienes?

—¿Cuántas horas trabajas al día?

—¿Cuántas vacaciones tienes al año?

—¿Te gusta tu trabajo?

—¿Qué es lo que más te gusta de tu trabajo?

—¿Qué es lo que menos te gusta de tu trabajo?

—*Un mes.*

—*Ocho.*

—*El sueldo. No gano mucho.*

—*Que puedo conocer a mucha gente.*

—*Sí, los sábados por la mañana.*

—*De 9 a 2 y de 3 a 6.*

—*Sí, me encanta.*

b) Escucha y comprueba.

c) Escucha y repite.

¿Cuántas horas trabajas al día?

¿Qué horario tienes?

¿Trabajas los fines de semana?

¿Cuántas vacaciones tienes al año?

¿Qué es lo que más te gusta de tu trabajo?

¿Y lo que menos?

12 Escucha esta entrevista y completa el cuadro:

Profesión	
Horas de trabajo al día	
Días libres	
Vacaciones	
Lo que más le gusta de su trabajo	
¿Está contento con su trabajo?	

13 Ahora vosotros.

a) En parejas. Preparad una encuesta sobre las condiciones de trabajo. Considerad los siguientes aspectos:

Profesión - *¿A qué se dedica?*
Número de horas de trabajo a la semana
Horario
Días libres
Vacaciones
Lo que más le gusta
Lo que menos le gusta
¿Está contento con su trabajo?

b) Ahora piensa en tus respuestas a esas preguntas. (Si no tienes trabajo, elige uno e imagínate las condiciones.)

c) Haced la encuesta.

Alumno A: eres el encuestador.
Alumno B: eres el encuestado.

Podéis empezar así:

— Mire, soy de Radio ... y estoy haciendo una encuesta sobre las condiciones de trabajo. ¿Podría hacerle unas preguntas?

Podéis terminar así:

— Bien, pues esto es todo. Muchas gracias por su colaboración.

1 Lee este cuestionario y pregunta al profesor qué significan las palabras que no entiendas.

TU TRABAJO Y TÚ

1. ¿Te gusta tu trabajo?

   a) Me encanta. ☐   b) Sí. ☐   c) No. ☐

2. ¿Cuántas horas trabajas al día?

   a) Menos de ocho. ☐   b) Ocho. ☐   c) Más de ocho. ☐

3. ¿Estás satisfecho con lo que haces en tu trabajo?

   a) Mucho. ☐   b) Sí. ☐   c) No. ☐

4. ¿Te sientes relajado en él?

   a) Siempre. ☐   b) A veces no. ☐   c) Normalmente, no. ☐

5. ¿Tienes buenas relaciones con tus compañeros?

   a) Excelentes. ☐   b) Normales. ☐   c) Malas. ☐

6. ¿Te llevas trabajo a casa?

   a) Casi nunca. ☐   b) A veces. ☐   c) A menudo. ☐

7. ¿Piensas mucho en tu trabajo cuando no estás en él?

   a) Muy poco. ☐   b) Ni mucho ni poco. ☐   c) Sí, mucho. ☐

8. ¿Piensas en tu trabajo cuando estás en la cama?

   a) Casi nunca. ☐   b) A veces. ☐   c) A menudo. ☐

9. ¿Fumas cuando trabajas?

   a) No. ☐   b) Un poco más que cuando   c) A menudo. ☐
                                no trabajo. ☐

10. ¿Cuántas horas duermes al día?

   a) Ocho o más. ☐   b) Entre seis y ocho. ☐   c) Menos de seis. ☐

2 Ahora responde al cuestionario.

3 Averigua el resultado.

Puntuación

a) = 2 puntos

b) = 1 punto

c) = 0 puntos

Interpretación

0 - 8 puntos: ¡Cambia de trabajo inmediatamente!

9 - 14 puntos: No estás mal en tu trabajo.

15 - 20 puntos: ¡Enhorabuena! Estás muy bien en tu trabajo.

COMUNICACIÓN GRAMÁTICA

Hablar del trabajo o de los estudios

¿Qué haces en tu trabajo?

Atiendo a los clientes.

¿Cuántas horas trabajas al día?

Seis.

¿Qué horario tienes?

De nueve a tres.

¿Cuántas vacaciones tienes al año?

Un mes.

¿Qué es lo que más te gusta de tu trabajo?

El horario.

¿Y lo que menos?

Que gano poco.

Adverbios de cantidad

mucho, bastante, poco

Trabajo mucho y gano poco.

Marisol estudia bastante.

(Ver resumen gramatical, apartado 15.)

Preposiciones

de, desde	a, hasta
De ocho a cuatro.	
Desde las ocho hasta las cuatro.	
en	
Siempre vengo a clase en moto.	
a	
Una vez a la semana.	
Tres veces al año.	
por	
Una vez por semana.	

Hablar sobre medios de transporte

¿Cómo vienes a clase?

En autobús.

¿Cuánto tardas?

Media hora.

Preguntar y decir con qué frecuencia hacemos cosas

¿Hablas por teléfono a menudo?

Sí, varias veces al día.

No. Hablo poco. Una vez cada tres o cuatro días.

Interrogativos

¿Cómo?

(Ver resumen gramatical, apartado 9.7.2.)

Verbo *venir*

(Ver resumen gramatical, apartado 7.1.2.5.)

Expresiones de frecuencia

Una vez al día, dos veces por semana, una vez cada tres días...

(Ver resumen gramatical, apartado 14.2.)

1 Completa las frases con las palabras del recuadro. Puedes usar el diccionario.

cansado/a	calor	sed	preocupado/a
enfadado/a	hambre	nervioso/a	enfermo/a	triste
sueño	contento/a		frío	miedo

Está **contenta**

Está _____

Tiene _____

Está _____

Tiene _____

Tiene _____

Está _____

Está _____

Tiene _____

Está _____

Tiene _____

Tiene _____

2 Escucha estas palabras y escríbelas en la columna correspondiente.

ESTAR	TENER
enfermo	hambre

3 Elige una palabra de la actividad 1 y haz mimo. ¿Sabe tu compañero qué te pasa?

4 **a)** Observa estos dibujos.

b) Intenta decir las frases de los dibujos.

c) Escucha y comprueba.

5 Fíjate:

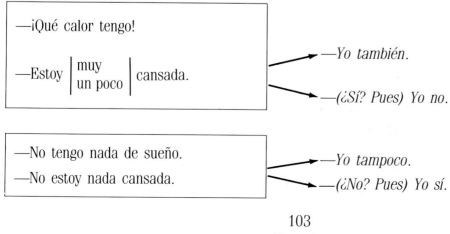

6 ¿VERDADERO O FALSO? Escucha las siguientes conversaciones y márcalo:

	V	F
1. a) El chico está muy nervioso.		
b) La chica no está muy nerviosa.		
2. a) La señora tiene mucha hambre.		
b) El señor no tiene mucha hambre.		
3. a) La niña no tiene mucha sed.		
b) El niño tiene mucha sed.		
4. a) El señor está muy preocupado.		
b) La señora no está muy preocupada.		

7 Y tú, ¿cómo te sientes? Cuéntaselo a tu compañero.

8 Ayuda a esta niña a escribir los nombres de las partes del cuerpo.

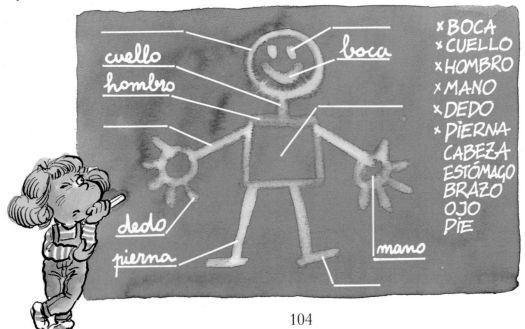

104
(ciento cuatro)

SIMÓN DICE...

9 De pie. Escucha las instrucciones y actúa. Haz lo que dice el profesor sólo cuando sus instrucciones empiecen por «Simón dice...».

10 Escribe qué le pasa a cada una de estas personas.

Le duele el estómago.

Le duelen las muelas.

Está resfriado.

Le duele la cabeza.

Tiene fiebre.

1 – Le duelen las muelas.

11 Fíjate:

Me Te Le	duele	la cabeza el estómago la espalda
Nos Os Les	duelen	las muelas los oídos los ojos

Tengo Tienes	fiebre tos gripe	
	dolor de	cabeza muelas

Estoy Estás	enfermo resfriado

12 **a)** Escucha y lee.

—¿Qué te pasa? ¿No te encuentras bien?

—*Me duele muchísimo la cabeza.*

—¿Quieres una aspirina?

—*Es que no tomo nunca.*

—¿Y por qué no vas al médico?

—*Sí, si sigo así...*

b) Escucha y repite.

13 En parejas. Descubrid para qué son estos remedios.

(tomarse)
| una aspirina
| un vaso de leche con coñac
| un calmante
| una manzanilla
| algo caliente
| una pastilla

(dar) un masaje

descansar

hacer gimnasia

14 Fíjate:

Ofrecimientos:

¿Quieres | una aspirina?
| un vaso de leche con coñac?

¿Te doy un masaje?

Aceptar	Rechazar
Sí, gracias.	*(No.) Es que no tomo nunca.*
Vale.	*Es que no me gusta el coñac.*

Sugerencias:

¿Por qué no te tomas | una aspirina?
| un vaso de leche con coñac?

¿Por qué no te vas a la cama?

Aceptar		Rechazar	
Sí,	*(si sigo así...)*	Es que no quiero	tomar nada.
	gracias.		irme a la cama.

---

15 Escucha los siguientes diálogos y completa el cuadro.

	¿Qué le pasa?	¿Qué le ofrecen/sugieren?	¿Acepta?
1			
2			
3			
4			
5			

16 Ahora vosotros. En parejas. Imagina que no te encuentras bien. Tu compañero te va a preguntar qué te pasa y te va a ofrecer o sugerir cosas. Puedes aceptar o rechazar.

Podéis empezar así:

—¿Qué te pasa? ¿No te encuentras bien?

—...

1 Lee estas frases y pregunta a tus compañeros o al profesor qué significan las palabras que no entiendas.

	SÍ	NO
1. ¿Crees que duermes menos de lo que necesitas?		
2. ¿Te despiertas fácilmente por la noche?		
3. Cuando te despiertas por la noche, ¿tienes problemas para volver a dormirte?		
4. ¿Tienes a menudo la sensación de estar cansado sin motivo?		
5. ¿Te enfadas fácilmente?		
6. ¿Crees que te preocupas demasiado por las cosas?		
7. ¿Piensas que normalmente cometes demasiados errores?		
8. ¿Consideras que haces muy poco deporte?		
9. ¿Piensas que no descansas lo suficiente después de las comidas?		

2 Ahora responde al cuestionario y averigua el resultado.

Puntuación

No = 1 punto

Sí = 0 puntos

Interpretación

0 - 3 puntos: ¡No continúes con este ritmo de vida!

4 - 6 puntos: Intenta cambiar algunos aspectos de tu vida.

7 - 9 puntos: ¡Muy bien! Sigue así.

COMUNICACIÓN GRAMÁTICA

Preguntar a alguien cómo se siente
¿Qué te pasa?

Decir cómo se siente uno mismo
Estoy muy nervioso.
¡Qué sueño tengo!

Expresar dolor
Me duele muchísimo la cabeza.
Me duelen los brazos y las piernas.

Ofrecer cosas y aceptarlas o rechazarlas
¿Quieres una aspirina?
Sí, gracias.
Es que no tomo nunca.

Hacer sugerencias y aceptarlas o rechazarlas
¿Y por qué no vas al médico?
Sí, si sigo así...
Es que no quiero ir.

Muy - mucho
Muy + adjetivo
Pues hoy está muy contenta.

Mucho/a + sustantivo singular
Dice que tiene mucho sueño.
Dice que tiene mucha sed.

Verbo + *mucho*
Me duele mucho.
(Ver resumen gramatical, apartado 16.)

Frases exclamativas
¡Qué + sustantivo + verbo!
¡Qué hambre tengo!
¡Qué + adjetivo + verbo!
¡Qué cansada estoy!
(Ver resumen gramatical, apartado 17.)

Verbo *doler*: presente de indicativo
duele, duelen

Presente de indicativo. Verbos irregulares: alternancia **e - ie**

Verbo *querer*

(Yo)	Quiero
(Tú)	Quieres
(Él/ella/usted)	Quiere
(Nosotros/nosotras)	Queremos
(Vosotros/vosotras)	Queréis
(Ellos/ellas/ustedes)	Quieren

Otros verbos frecuentes con alternancia **e -ie**:
preferir, pensar, empezar, recomendar, comenzar, despertarse.
(Ver resumen gramatical, apartado 7.1.2.2.)

1 **a)** Observa los dibujos y completa los diálogos con las frases del recuadro. Pregunta al profesor qué significa lo que no entiendas.

> ¿De parte de quién?
>
> No, no está. Volverá después de comer.
>
> Sí, soy yo.
>
> Ahora se pone.
>
> Se ha equivocado.
>
> En este momento no puede ponerse.

b) Escucha y comprueba.

2 Escucha y repite.

—¿Está Alberto?

—Sí, soy yo.

—No, no está.

—¿De parte de quién?

—Un momento, ahora se pone.

—No es aquí. Se ha equivocado.

3 ¿Qué dices por teléfono en cada una de estas situaciones? Fíjate en la actividad 1 y escríbelo.

1. —¿Diga?

   —¿Está Pablo?_____ (Pregunta por Pablo)

2. —¿Está Félix?

   —_____ (Di que eres tú)

3. —¿Está Juana, por favor?

   —_____ (Vives solo en tu piso)

4. —¿Está Jaime?

   —_____ (Sí está, pero en el baño)

5. —¿El señor Acosta, por favor?

   —_____ (Pregunta quién le llama)

6. —¿Sí?

   —_____ (Pregunta por Ángeles)

7. —¿Está Mario, por favor?

   —_____ (Di que le vas a avisar)

4 Escucha estos diálogos y marca en el cuadro lo que pasa en cada caso.

	Comunica	No contesta	No está en casa	No puede ponerse	Es esa persona	Se ha equivocado
1						
2						
3						
4						
5						
6						
7						

5 En parejas (A-B). Tapa las instrucciones de tu compañero y lee sólo las que te correspondan. Luego habla por teléfono con tu compañero.

	ALUMNO A	ALUMNO B
1.	Contesta al teléfono.	Pregunta por un amigo común.
	Responde afirmativamente. Pregunta quién llama.	Responde.
	Di que espere un momento, que ahora le avisas.	Da las gracias.
2.	Pregunta por Marisol.	Contesta al teléfono.
	Di que llamarás más tarde. Despídete.	Responde (Marisol está en clase).
		Despídete.
3.	Pregunta por Ernesto.	Responde (no conoces a ningún Ernesto).
	Pide perdón y despídete.	Despídete.

6 ¿VERDADERO O FALSO? Observa estos anuncios y entradas y señala verdadero o falso. Puedes usar el diccionario.

	V	F
En la galería Jorge Mara hay una obra de teatro.		
«El Último de la Calle» cierra dos días a la semana.		
La entrada para el concierto de Bruce Springsteen es para el 2 de agosto.		
El domingo por la noche puedo cenar en el restaurante Artemisa.		
En el cine Alphaville ponen «Uno de los nuestros» en versión original subtitulada.		

7 Lee las siguientes preguntas y busca las respuestas en los anuncios y entradas de la actividad 6.

¿Qué película ponen en el cine Cristal?

¿Qué exposición hay en la galería Jorge Mara?

¿A qué hora cierra el restaurante Artemisa por la noche?

¿Qué día actúa Bruce Springsteen en Madrid?

¿Cuánto cuesta una entrada de cine?

8 **a)** En parejas. Pensad en algunos espectáculos de actualidad y escribid una pregunta sobre cada uno de ellos.

b) Haced las preguntas a otra pareja. ¿Saben las respuestas?

9 **a)** Escucha estos dos diálogos con el libro cerrado y ayuda al profesor a escribirlos en la pizarra.

1. —¿Vamos a tomar algo?
   —*Vale. De acuerdo.*

2. —¿Quieres venir al cine conmigo?
   —*Lo siento, pero no puedo. Es que tengo que estudiar.*

b) Ahora practícalos con tu compañero.

10 **a)** Lee la siguiente lista de actividades. Señala dos que te gustaría hacer y dos que no quieres hacer.

- Ver una película de terror.
- Ir a un concierto de jazz.
- Jugar al tenis.
- Ir a ver un partido de fútbol.
- Ir a un concierto de «rock».
- Ver una obra de teatro.
- Dar una vuelta.

b) Invita a dos compañeros a lo que te gustaría hacer. Si te invitan a ti, puedes aceptar o rechazar la invitación; en este último caso pon una excusa.

11 **a)** Lee estas frases y pregunta al profesor qué significa lo que no entiendas. Luego intenta ordenar el diálogo.

— Vale. De acuerdo. ¿Y qué podemos hacer? ¿Hay algo interesante?

— Pues mira, hay una exposición de Miró en el Reina Sofía.

— Es que no me va bien tan pronto. ¿Qué te parece a las seis?

— ¡Ah! Muy bien. Me encanta Miró. ¿Cómo quedamos?

1.— Oye, ¿nos vemos mañana por la tarde?

7.— Vale. Entonces quedamos a las seis.

— No sé... podemos quedar a las cinco en la puerta.

b) Escucha y comprueba.

12 Escucha y repite.

— ¿Nos vemos mañana por la tarde?

— ¿Qué podemos hacer?

— ¿Hay algo interesante?

— ¿Cómo quedamos?

— No me va bien tan pronto.

— ¿Qué te parece a las seis?

13 Escucha estas conversaciones entre amigos y completa el cuadro.

	¿Quedan?	¿Qué día?	¿A qué hora?	¿Dónde?	¿Para qué?
1			a las 6		no se sabe
2		el miércoles			
3					
4					
5	sí			en el bar de enfrente	

14 **a)** Consulta la cartelera de un periódico local y completa tres días de tu agenda con las actividades que quieres hacer.

b) Elige un espectáculo que te gustaría ver. Luego llama por teléfono a uno o a varios de tus compañeros para quedar con alguno que quiera y pueda acompañarte.

15 **a)** Lee estas invitaciones y estas respuestas. Luego emparéjalas.

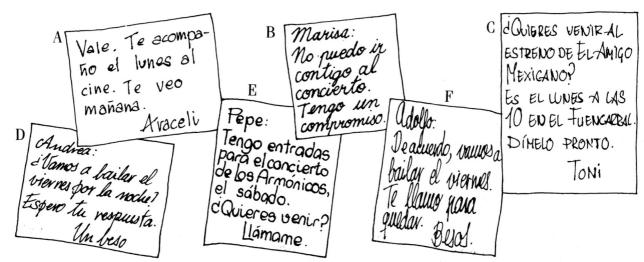

b) Ahora escribe una invitación, pero no la firmes. Luego dásela al profesor.

c) Lee la invitación que te ha dado el profesor y escribe una respuesta.

1 Mira este cartel y escribe:

- El título de la película.
- Cómo lo traducirías en tu lengua.
- El nombre de la actriz principal.
- El nombre del director.
- El número de cines que la ponen.

2 Ahora piensa en una película que has visto recientemente. Di a tu compañero quiénes son el actor y la actriz principales, el director y en qué cine la ponen. ¿Sabe qué película es?

3 **a)** Lee estos títulos de películas. Pregunta al profesor las palabras que no entiendas.

b) Elige uno de esos títulos y haz mimo para que tus compañeros adivinen cuál es. ¡Recuerda que no puedes hablar!

COMUNICACIÓN GRAMÁTICA

Al teléfono

¿Diga?/¿Dígame?/¿Sí?

¿Está Ignacio?

Sí, soy yo.

¿De parte de quién?

Un momento, ahora se pone.

En este momento no puede ponerse. Está en la ducha.

No, no está.

No, no es aquí. Se ha equivocado.

Hablar de espectáculos: horarios y lugares

¿Qué día actúa Rita Sosa?

¿A qué hora?

¿En qué cine ponen «El Sur»?

¿Qué hay en la Galería Estampa?

Hacer una invitación y aceptarla o rechazarla

¿ | Vamos | al cine esta noche?
 | Quieres venir |

Vale/De acuerdo/Muy bien.

Lo siento, pero no puedo. Es que

tengo | que estudiar.
 | un compromiso.

Concertar citas

¿ | Quedamos | mañana por la noche?
 | Nos vemos |

¿Cómo quedamos?

Podemos quedar a las ocho delante del cine.

No me va bien (a esa hora).

¿Qué te parece a las nueve?

Muy bien/Vale/De acuerdo.

Presente de indicativo. Verbos irregulares: alternancia o - ue

Verbo *poder*

(Yo)	Puedo
(Tú)	Puedes
(Él/ella/usted)	Puede
(Nosotros/nosotras)	Podemos
(Vosotros/vosotras)	Podéis
(Ellos/ellas/ustedes)	Pueden

Otros verbos frecuentes con alternancia o -ue:

Verbo *volver*

volver	*doler*
acostarse	*contar*
dormir	*encontrar*
acordarse	*costar*

(Ver resumen gramatical, apartado 7.1.2.2.)

Querer + infinitivo

¿Quieres ir al teatro esta tarde?

Poder + infinitivo

Ahora no puede ponerse. Está en una reunión.

Podemos ir a ver una exposición.

1 **a)** Lee y completa el texto con estas frases:

- viernes, sábado y domingo.
- quiere dar clases en la universidad.
- tiene horario de noche.

JUAN MANUEL TARDÓN
Recepcionista

Trabaja en la recepción de un hotel y (1) ...: entra a las doce de la noche y sale a las ocho de la mañana. Tiene tres días libres por semana: (2) ...: Normalmente duerme por la mañana. Por la tarde estudia Sociología en la universidad. Lo que más le gusta de su trabajo es que no ve mucho a su jefe; lo que menos, el horario. No está muy contento con su trabajo y cree que gana muy poco, pero sabe que es un trabajo temporal. Cuando termine la carrera (3) ...

b) Lee estas frases sobre lo que hace Juan Manuel un día normal y completa el cuadro con las horas. Usa también la información del texto anterior.

1. Tarda quince minutos en llegar al trabajo.

2. Se acuesta cuando llega a casa.

3. Duerme siete horas diarias.

4. Come un cuarto de hora después de levantarse.

5. Empieza las clases a las cinco de la tarde.

6. Tiene cinco horas de clase al día.

7. Generalmente cena hora y media antes de empezar a trabajar.

	HORA
salir de casa	
acostarse	
levantarse	
comer	
empezar las clases	
terminar las clases	
cenar	

2 **a)** Mira esta cartelera y escribe las respuestas a las preguntas.

1. ¿Qué día actúa Tanita Tikaram en Madrid?

2. ¿Dónde puedes ver la exposición de María Elena Vieira Da Silva?

3. ¿Quién es el director de «Amor perseguido»?

4. ¿Quién es el protagonista de «Dancing Machine»?

4. ¿Quién es el protagonista de «Dancing Machine»?

5. ¿Cuántos conciertos de música de Mozart hay en mayo?

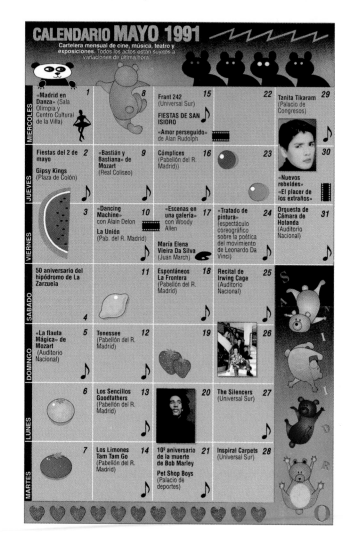

b) Escucha esta llamada telefónica y completa el cuadro.

¿A qué le invita?	
¿Para qué día es la invitación?	
¿Acepta?	
¿A qué hora quedan?	
¿Dónde quedan?	

c) Ahora mira la información del cuadro y la de la cartelera y di qué día del mes de mayo están hablando por teléfono.

d) Imagina que estamos a 12 de mayo, domingo. Consulta la cartelera de la próxima semana y elige un espectáculo que te gustaría ver. Luego llama por teléfono a un compañero de la clase e invítale.

EL ALUMNO MEDIO DE ESTA CLASE.

3 **a)** En grupos de cuatro. Escribid la pregunta correspondiente a cada uno de estos temas. Mirad los ejemplos.

> 2. ¿De dónde eres?
> 3. ¿Dónde vives?

1. Sexo.	8. Profesión.
2. Nacionalidad.	9. Número de horas de trabajo al día.
3. Lugar de residencia.	10. ¿Contento/a con su trabajo?
4. Edad.	11. ¿Hace los deberes normalmente?
5. Estado civil.	12. Número de horas que estudia español al día.
6. Hijos.	13. Lo que más le gusta de la clase de español.
7. Aficiones.	14. Lo que menos le gusta de la clase de español.

b) Decidle a la clase las preguntas que habéis escrito. ¿Creen que están bien? Si tenéis algún error, corregidlo.

c) Ahora haz esas preguntas a un miembro de tu grupo y anota sus respuestas.

d) Decidle las respuestas a un compañero para que las escriba en la pizarra. Luego haced el recuento de los resultados.

e) Cada grupo escribe un texto en el que describe cómo es el alumno medio de la clase usando la información anterior.

> El alumno medio de esta clase es una chica inglesa que vive en ...

f) Pasadle vuestro texto a otro grupo para que lo corrija y corregid el suyo.

g) Comentad los posibles errores y corregidlos.

JUEGO DE VOCABULARIO.

4 **a)** Haz una lista de seis palabras o expresiones difíciles que has aprendido en las lecciones 11-15.

b) Enséñaselas a tu compañero y explícale las que no entienda. Si coinciden algunas, pensad en otras nuevas hasta completar la lista de doce en total.

c) Pasadle la lista a otra pareja para que escriba una frase con cada una de las palabras o expresiones que aparecen. Gana la pareja que escriba correctamente más frases.

BLA, BLA, BLA...

5 En grupos de cuatro. Juega con un dado y una ficha de color diferente a la de tus compañeros.

1. Por turnos. Tira el dado y avanza el número de casillas que indique.

2. Habla del tema de la casilla en la que caigas.

3. ¡Atención a las casillas en las que puedes hacer una pregunta a un compañero o te la pueden hacer a ti!

SALIDA	1 TU PUEBLO O TU CIUDAD	2 TU ACTOR FAVORITO	3 EL CENTRO DONDE ESTUDIAS ESPAÑOL	4 TU MÚSICA PREFERIDA	5 TU HABITACIÓN	6 TUS COMPAÑEROS TE PUEDEN HACER UNA PREGUNTA
12 PREGUNTA LO QUE QUIERAS A UN COMPAÑERO	11 UN ASPECTO DE LA VIDA ESPAÑOLA QUE TE GUSTA	10 TUS PADRES	9 TU PROFESOR DE ESPAÑOL	8 LOS DEPORTES QUE TE GUSTAN	7 TU NOVIO/A	
	13 TU CASA IDEAL	14 ESTE JUEGO	15 LOS SÁBADOS POR LA MAÑANA	16 UN FAMOSO QUE NO TE GUSTA NADA	17 ¿POR QUÉ ESTUDIAS ESPAÑOL?	18 TUS COMPAÑEROS TE PUEDEN HACER UNA PREGUNTA
24 PREGUNTA LO QUE QUIERAS A UN COMPAÑERO	23 TU ACTRIZ FAVORITA	22 UN PROGRAMA DE TELEVISIÓN QUE NO TE GUSTA	21 LO QUE MÁS TE GUSTA DEL ESPAÑOL	20 TU JEFE O DIRECTOR DEL CENTRO DONDE ESTUDIAS	19 TU CANTANTE O GRUPO PREFERIDO	
	25 TUS HERMANOS/AS	26 LOS DOMINGOS POR LA TARDE	27 TU MEDIO DE TRANSPORTE PREFERIDO	28 ESTE LIBRO	29 UNA CIUDAD QUE TE GUSTA MUCHO	30 TUS COMPAÑEROS TE PUEDEN HACER UNA PREGUNTA
36 PREGUNTA LO QUE QUIERAS A UN COMPAÑERO	35 LO QUE MENOS TE GUSTA DEL ESPAÑOL	34 UN PERIÓDICO QUE TE GUSTA	33 TU TRABAJO TUS ESTUDIOS	32 UN PERSONAJE FAMOSO QUE TE GUSTARÍA SER	31 UN BUEN AMIGO	
	37 EL HOMBRE/LA MUJER DE TUS SUEÑOS	38 UNA CIUDAD ESPAÑOLA QUE QUIERES VISITAR	39 LO QUE HACES UN DÍA NORMAL	40 UN DIRECTOR DE CINE QUE TE GUSTA	41 LOS VIERNES POR LA NOCHE	LLEGADA

1 Lee este anuncio. ¿Entiendes los nombres de estos productos?

SUPERMERCADOS DELTA

- GALLETAS 180 PTA
- PAN 45 PTA
- JAMÓN 3900 PTA
- POLLO 270 PTA
- SAL 45 PTA
- VINO 290 PTA
- CHORIZO 1700 PTA
- CHULETAS DE CORDERO 1650 PTA
- ARROZ 170 PTA
- LECHE 125 PTA
- QUESO 1440 PTA
- MERLUZA 1900 PTA
- AZÚCAR 149 PTA
- ACEITE DE OLIVA 375 PTA
- HUEVOS 210 PTA
- LECHUGAS 85 PTA
- PATATAS 90 PTA
- NARANJAS 175 PTA
- MANZANAS 199 PTA
- PLÁTANOS 280 PTA
- SARDINAS 110 PTA
- YOGUR 49 PTA

2 **a)** Observa los productos del dibujo.

b) Ahora tapa el dibujo. ¿Te acuerdas de lo que hay? Escríbelo.

Hay un paquete de galletas, ...

3 ¿Cuál es la sílaba más fuerte?

a) Escucha estas palabras y escríbelas en la columna correspondiente.

□ ■	■ □	□ ■ □	■ □ □
arroz	*vino*	*galleta*	*plátano*

b) Escucha y comprueba.

c) Dilas en voz alta.

PASA LA PELOTA.

4 **a)** Mira este dibujo.

b) Ahora juega con tus compañeros.

5 En parejas. Elige uno de estos dibujos y di todo lo que hay. Tu compañero tiene que adivinar qué dibujo es.

6 Fíjate:

100 g = cien gramos	1 l = un litro
1 kg = un kilo	1/2 l = medio litro
1/2 kg = medio kilo	1/4 l = un cuarto de litro
1/4 de kg = un cuarto de kilo	1 1/2 ó 1,5 l = (un) litro y medio
1 1/2 ó 1,5 kg = (un) kilo y medio	2 l = dos litros
2 kg = dos kilos	

7 **a)** Escucha y haz una lista de lo que ha comprado este chico.

b) Escucha y escribe lo que cuesta cada cosa.

c) Calcula el total. Comprueba con la grabación.

8 **a)** Escucha este diálogo con el libro cerrado y ayuda al profesor a escribirlo en la pizarra.

—¿Qué le pongo?

—*Una docena de huevos.*

—¿Qué más?

—*Una lata de sardinas y un paquete de azúcar.*

—¿Algo más?

—*¿A cómo está este queso?*

—A mil trescientas el kilo.

—*Pues póngame un cuarto.*

—¿Algo más?

—*No, nada más. Gracias.*

b) Practícalo con tu compañero.

9 Estás en una tienda y quieres comprar los productos de la lista.

a) Completa el diálogo.

Dependiente: Buenos días.

Tú: _____

Dependiente: ¿Qué le pongo?

Tú: _____

Dependiente: Son buenísimos estos plátanos. ¿Algo más?

Tú: _____

Dependiente: Aquí tiene. Son nuevas.

Tú: ¿_____?

Dependiente: Lo siento, pero no me quedan.

Tú: _____

Dependiente: ¿De litro o de litro y medio?

Tú: _____

Dependiente: ¿Quiere algo más?

Tú: _____

Dependiente: ¿Qué marca: Forges o Martorell?

Tú: _____

Dependiente: El litro de Forges, 360 pesetas, y el de Martorell, 375.

Tú: _____

Dependiente: Aquí tiene. Es un poco más caro pero es mejor. ¿Algo más?

Tú: _____

¿_____?

Dependiente: Vamos a ver. Son... 985 pesetas.

- 1 Kg. de plátanos
- 2 Kg. de patatas
- 4 yogures
- 1 botella de leche
- 1 botella de aceite de oliva

 **b)** Ahora habla con el dependiente.

10 Ahora vosotros. En grupos de tres.

Alumnos A y B: trabajáis en dos tiendas diferentes.

a) Decidid individualmente los precios de los productos que vendéis.

b) Haced las etiquetas con los nombres y los precios de los productos y ponedlos a la vista del público.

Alumno C: no tienes nada de comida en casa y esta noche va a venir a cenar un amigo tuyo. Además, sólo tienes 1.500 pesetas.

a) Escribe una lista de lo que quieres comprar.

b) Haz la compra.

11 **a)** ¿Con qué países hispanos asocias estas comidas y bebidas?

café   naranjas   fríjoles   chorizo   mate   ron   paella   tequila

churrasco   arroz a la cubana   tortilla   chile con carne

b) ¿Has tomado alguna vez estos alimentos? En caso afirmativo, explícales a tus compañeros cómo son. Puedes usar el diccionario.

c) ¿Conoces otras comidas y bebidas hispanas? Coméntalo con tus compañeros.

12 **a)** Lee este menú y pregunta qué significa lo que no entiendas.

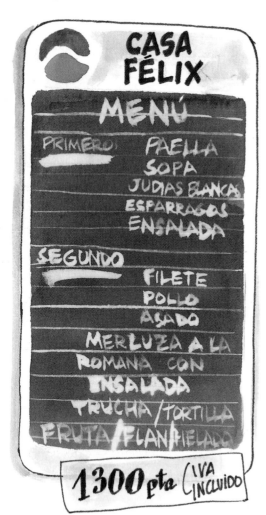

c) Escucha y comprueba.

b) Lee y di cuál es el orden de estos cuatro diálogos entre el camarero y los clientes de un restaurante.

A. —¿Qué tomarán de postre?
   ● *Yo, helado.*
   ▲ *Y yo, un flan.*
   —*¿Van a tomar café?*
   ● *Yo no.*
   ▲ *Yo sí, un café con leche.*

B. ▲ *¿Nos trae un poco más de pan, por favor?*
   —Muy bien.

C. —¿Qué van a tomar?
   ● *Yo, de primero, sopa y, de segundo, pollo.*
   ▲ *Para mí, judías blancas, y de se-gundo... un filete, muy hecho.*
   —*¿Y para beber?*
   ● *Vino.*
   ▲ *Yo, agua mineral con gas.*

D. ▲ *La cuenta, por favor.*

d) Ahora practica estos diálogos con dos compañeros.

13 **a)** Fíjate:

		un tenedor,	
		otra botella de vino,	
¿Me	trae	otras dos cervezas,	por favor?
¿Nos		más pan,	
		un poco (más) de pan,	

b) Imagina que estás en un restaurante y necesitas estas cosas. ¿Cómo las pides? Escríbelo.

Ejemplo: *1 – ¿Me trae un poco más de agua, por favor?*

1. Agua.

2. Mayonesa.

3. Dos botellas de agua mineral con gas.

4. Arroz.

5. Un cuchillo.

6. Vino.

7. Un vaso.

14 Escucha y escribe en el cuadro lo que pide cada persona:

	De primero	De segundo	¿Necesitan algo?	De postre	¿Toman algo más?
ELLA					
ÉL					

15 Ahora vosotros.

a) En grupos de tres (A, B y C). Escribid el menú del día de un restaurante.

b) En grupos de tres (A, B y C).

Alumnos A y B: sois clientes de un restaurante. Mirad el menú y pedidle al camarero lo que queréis tomar. Pedidle también lo que necesitéis durante la comida.

Alumno C: eres el camarero de un restaurante. Atiende a los clientes.

c) Ahora cambiad de papel.

¿VERDADERO O FALSO?

1 **a)** Señala en la columna «antes de leer» lo que creas saber sobre los hábitos de comida de los españoles.

ANTES DE LEER   DESPUÉS DE LEER

V	F		V	F
		En España la comida más fuerte es la cena.		
		El desayuno no es muy importante.		
		En España se cena sobre las siete de la tarde.		
		Es normal tomar café después del almuerzo.		

b) Ahora lee el texto.

Las comidas en España

En España, la primera comida del día —el desayuno— no es muy abundante. La mayoría de la gente suele tomar café con leche, tostadas, algún bollo o galletas.

La comida más importante —el almuerzo o comida— es al mediodía, entre la 1 y las 3 de la tarde. Se come un primer plato, a base de verduras, legumbres, arroz... y un segundo plato que suele ser carne o pescado. También se toma postre: fruta o algún dulce. Es habitual acompañar las comidas con vino y tomar café después del postre.

La última comida del día es la cena, entre las 9 y las 10 de la noche. Se toma algo ligero, como sopa, verdura, huevos, queso, fruta, etc.

También existe la merienda, una comida a media tarde, hacia las seis. Los niños suelen comer un bocadillo, fruta, o toman un vaso de leche con galletas.

c) Marca la columna «después de leer» y compara con lo que has señalado antes. ¿Hay algo que te sorprenda?

d) Habla con la clase sobre las comidas en tu país.
¿Son a la misma hora que en España?
¿Se come y se bebe lo mismo?

COMUNICACIÓN GRAMÁTICA

Haciendo la compra

¿Qué le pongo?

Un paquete de arroz.

¿Algo más?

No, nada más.

Preguntar el precio de un determinado producto

¿A cómo están las naranjas?

A ciento cincuenta pesetas el kilo.

Pedir en un restaurante

¿Qué va(n) a tomar?

Yo, de primero, una ensalada y, de segundo, pollo.

Para mí, paella y merluza a la romana.

Solicitar un servicio en un restaurante

¿Me trae otra botella de agua, por favor?

¿Nos trae un poco más de pan, por favor?

Algo, nada

(Ver resumen gramatical, apartado 18.)

Sustantivos contables

singular	plural
Un **tenedor**	Unos/dos... **tenedores**
Otra **botella** de agua	Otras **botellas** de agua

Sustantivos no contables

Más **pan**
Un poco de **pan**
Un poco más de **pan**

Presente de indicativo. Verbos irregulares: alternancia **e** - **i**

Verbo *pedir*

(Yo)	Pido
(Tú)	Pides
(Él/ella/usted)	Pide
(Nosotros/nosotras)	Pedimos
(Vosotros/vosotras)	Pedís
(Ellos/ellas/ustedes)	Piden

Otros verbos frecuentes con alternancia **e** - **i**: *decir, repetir, servir, seguir*

(Ver resumen gramatical, apartado 7.1.2.2.)

Presente de indicativo. Verbos irregulares: 1.ª persona del singular con **g**

poner: (yo) pongo

Otros verbos frecuentes con esta irregularidad: *tener, hacer, venir, salir, decir, traer*

1 **a)** Lee estas palabras del recuadro y busca en un diccionario cinco que no conozcas.

vestido	vaqueros	abrigo	chaqueta	traje
medias	blusa	jersey	zapatos	camisa
bragas	camiseta	botas	corbata	calcetines
pantalones	calzoncillos	sujetador	falda	cazadora

b) Pregunta a tus compañeros el significado de las que te faltan.

c) Mira el dibujo y subraya en el recuadro anterior los nombres de las prendas que veas.

2 ¿La sílaba más fuerte?

a) Copia todas las palabras de la actividad 1.

b) Escucha y subraya la sílaba más fuerte.

c) Escucha y repite.

3 **a)** Siéntate de espaldas a tu compañero y no le mires. Intenta recordar cómo va vestido y díselo. Él te dirá si es verdad o no.

—Llevas (una camisa blanca, unos vaqueros, unos zapatos negros...)

— | *(No, los zapatos no son negros.)* |

   | *(Sí.)* |

b) Elige a un compañero y anota todo lo que lleva puesto. Díselo a la clase. ¿Saben quién es?

4 Escucha y lee.

—Perdone, ¿cuánto cuesta esa blusa?

—*Nueve mil quinientas pesetas.*

—¿Y la blanca?

—*Veinte mil. Es más cara, pero es mejor; es de seda.*

5 **a)** Fíjate:

COMPARACIONES CON ADJETIVOS

más (caro/barato) **que**

tan (caro/barato) **como**

no tan (caro/barato) **como**

menos (caro/barato) **que**

Más bueno → **mejor**

Más malo → **peor**

b) Ahora observa de nuevo el dibujo de la actividad 1 c) y escribe la palabra que corresponda.

1. Es más cara que el vestido. → *la chaqueta*

2. Es más corta que el vestido. → _____

3. Es tan caro como el traje. → _____

4. No son tan caros como la corbata. → _____

5. Son tan caros como el jersey. → _____

6. No es tan cara como la camiseta. → _____

6 **a)** Observa el dibujo. Luego busca los adjetivos necesarios para comparar las prendas.

largo-a/s

moderno-a/s

ancho-a/s

estrecho-a/s

bonito-a/s

feo-a/s

cómodo-a/s

incómodo-a/s

caro-a/s

barato-a/s

b) Prepara frases sin mencionar de qué prenda se trata y díselas a tu compañero. ¿Sabe de qué prenda estás hablando?

Ejemplo: —Son más anchos que los vaqueros azules.

—*Los vaqueros negros.*

7 Escucha y lee.

—Buenas tardes. ¿Qué desea?

—*¡Hola! Quiero un vestido para mí.*

—¿Cómo lo quiere?

—*Pues rojo y... no sé... Sí, de algodón.*

—¿Qué talla tiene?

—*La 38.*

—Mire, tenemos estos modelos. ¿Le gusta alguno?

—*Sí. ¿Puedo probarme éste?*

—Por supuesto. El probador está al fondo, a la izquierda.

...

—¿Qué tal le queda?

—*Muy bien. ¿Cuánto cuesta?*

—14.600 pesetas.

—*De acuerdo. Me lo llevo.*

—Muy bien. Pase por caja, por favor.

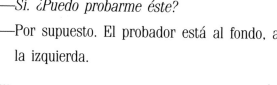

8 a) Fíjate:

PRONOMBRES DE OBJETO DIRECTO «LO», «LOS», «LA», «LAS»		
	MASCULINO	FEMENINO
SINGULAR	lo	la
PLURAL	los	las

—¿Le gusta este abrigo?　　　—¿Le gusta esta falda?
—*No. Lo quiero más largo.*　　—*No. La quiero más corta.*

b) Elige una prenda de la actividad 1 y practica con un compañero el diálogo de la actividad 7.

9 Escucha este diálogo entre un cliente y el dependiente de una tienda. Escribe:

¿Qué quiere?	¿De qué talla?
¿Cómo la quiere?	¿Cómo le queda?
¿Cuánto cuesta?	¿La compra?
¿Para quién es?	

10 Ahora vosotros.

Alumno A: eres el dependiente de una tienda de ropa.

Alumno B: estás en una tienda de ropa y quieres comprar algo para un amigo, pero no sabes qué. No puedes gastarte más de 5.000 pesetas. Tu amigo tiene la misma talla que tú.

■■■■■▶ Y TAMBIÉN...

1 **a)** Mira este chiste.

b) Busca en el diccionario el significado de: colocar, quitar.

c) Ahora pregunta a tu profesor qué significan: loco, loquita.

d) ¿Entiendes ahora el chiste?

2 En parejas. ¿Podéis dibujar otro chiste? Elegid el tema que queráis.

Hacer comparaciones

Eres más alto que yo.

Luisa es tan graciosa como Isabel.

Comprando ropa

Quiero un jersey.

¿De qué color lo quiere?

Negro.

¿Es para usted?

Sí.

¿Qué talla tiene?

La 40.

¿Puedo probarme éste?

Me queda muy bien.

Comparaciones con adjetivos

más + adjetivo + *que*

tan + adjetivo + *como*

no + verbo + *tan* + adjetivo + *como*

menos + adjetivo + *que*

(Ver resumen gramatical, apartado 19.)

Pronombres de objeto directo

lo, la, los, las

(Ver resumen gramatical, apartado 8.2.)

1 ¿VERDADERO O FALSO? Observa el dibujo. Luego lee las frases y señala lo que está haciendo cada persona.

	V	F
1. La chica de la falda amarilla está bebiendo vino.		
2. El señor del bigote está bailando.		
3. La señora del vestido verde está abriendo la puerta.		
4. El chico de la camisa blanca está sentándose.		
5. La chica de los pantalones rojos está hablando con otra chica.		
6. El chico de la cazadora marrón está comiendo algo.		
7. La señora del vestido rojo está viendo los discos.		
8. El chico de los pantalones marrones está escribiendo.		
9. El señor de las gafas está quitándose la chaqueta.		

2 **a)** Fíjate:

ESTAR + GERUNDIO

Estoy	bailando
Estás	
Está	comiendo
Estamos	
Estáis	escribiendo
Están	

b) Lee de nuevo las frases de la actividad anterior y completa este cuadro.

	- AR	- ER	- IR	Verbos reflexivos
INFINITIVO	bailar hablar	comer beber ver	escribir abrir	sentarse quitarse
GERUNDIO	bailando	comiendo	escribiendo	sentándose ....

c) Fíjate:

- Aquí tienes el gerundio de algunos verbos irregulares:

decir → diciendo

leer → leyendo

dormir → durmiendo

3 **a)** Observa otra vez el dibujo de la actividad 1 y prepara cinco frases de «¿Verdadero o falso?» para tu compañero.

b) ¿Tenéis buena memoria? En parejas. Tapad la ilustración de la actividad 1 y preguntad qué están haciendo estas personas:

— la chica de la falda marrón   — el chico de la camisa blanca

— el señor de las gafas   — la señora del vestido verde

— la chica de la falda amarilla

—¿Qué está haciendo la chica de la falda marrón?

— | *No me acuerdo.*

  | *Está hablando con otra chica.*

— | Sí.

  | (Me parece que) No. (Creo que) Está ...

4 **a)** Escucha esta conversación. ¿Cuántos verbos dicen en gerundio?

b) Escucha y completa el cuadro.

	¿Dónde está?	¿Qué está haciendo?
La abuela		
Marta		
Carlitos		
Sonia		

UNA CLASE SIN PROFESOR.

5 En parejas:

a) Alumno A: mira el dibujo y escribe los nombres al lado de cada una de las personas. Luego responde a las preguntas de tu compañero.

Antonio   Marisol   David   Laura   Charo   Miguel   Olga   Luis

Cristina   Julio   Javier   Marisa   Nuria

Alumno B: pregunta al alumno A qué está haciendo cada una de las siguientes personas y escribe sus nombres al lado de cada una de ellas.

Antonio   Marisol   David   Laura   Charo   Miguel   Olga   Luis
Cristina   Julio   Javier   Marisa   Nuria

b) Ahora podéis cambiar de papel y realizar de nuevo la actividad.

6 **a)** Imagina que estás haciendo una cosa. Piensa, también, dónde la estás haciendo y escríbelo en un papel.

Estoy nadando en el mar.

b) Ahora haz mimo. Tus compañeros tienen que adivinar qué estás haciendo y dónde. Tú sólo puedes decir «sí» o «no».

Ejemplo: —¿Estás nadando?

—*Sí.*

—¿Estás nadando en un río?

—*No.*

—¿En una piscina?

—*No.*

—¿Estás nadando en el mar?

—*Sí.*

a) Escucha y lee:

Paco: ¡Hola! ¡Felicidades!

Lola: ¡Hola! Gracias, Paco.

Paco: ¡Feliz cumpleaños!

Toma, esto es para ti.

Lola: Humm... Muchas gracias.

A ver, a ver qué es...

¡Unos pendientes! ¡Qué bonitos!

Paco: ¿Te gustan?

Lola: Me encantan. Ahora te presento a la gente, pero antes vamos a comer algo.

Paco: ¡Buena idea!

Lola: Coge, coge.

Paco: Sí, gracias... Humm... ¡qué buenos!

Lola: ¿Quieres un poco de vino?

Paco: Sí, pero sólo un poco.

...

Lola: Coge un trozo de tarta, que está muy buena.

Paco: No, de verdad, gracias. Es que ya no puedo más.

b) Responde:

— ¿Cuántas veces ofrecen cosas?

— ¿Cuántas veces las aceptan?

— ¿Cuántas las rechazan?

8 Escucha y repite:

¡Felicidades!

¡Feliz cumpleaños!

Toma, esto es para ti.

¡Unos pendientes! ¡Qué bonitos!

¿Quieres un poco de vino?

Coge, coge un poco de tarta, que está muy buena.

No, de verdad, gracias. Es que ya no puedo más.

9 En parejas:

a) Alumno A: tu compañero está en tu casa. Ofrécele alguna de estas cosas.

Alumno B: estás en casa de tu compañero. Él te va a ofrecer cosas. Tú puedes aceptarlas o rechazarlas. Si rechazas algo, dile por qué.

| ¿Quieres...? |
| Coge... |

b) Ahora cambiad de papel.

10 **a)** Observa este calendario y lee los meses del año.

b) Escucha los nombres de los meses y subraya la sílaba más fuerte.

11 Elige un día del calendario de la actividad 10. Tus compañeros tienen que averiguar cuál es.

Ejemplo:

—¿Es en agosto?   —¿Es un lunes?

—*No, después.*   —*No.*

—¿En noviembre?   —¿Un jueves?

—*No, antes.*   —*Sí.*

—¿En octubre?   —¿Es el día 24?

—*Sí.*   —*No, antes.*

12 Pregunta a tus compañeros qué día es su cumpleaños y haz una lista con los nombres y las fechas.

—¿Qué día es tu cumpleaños?

—*El (veintiséis) de (junio). ¿Y el tuyo?*

—El (cinco) de (marzo).

¡No te olvides de felicitarles el día de su cumpleaños!

13 Ahora vosotros. En grupos de cuatro (A, B, C y D).

Alumno A:

a) Es tu cumpleaños y has invitado a varios amigos y amigas a una fiesta en tu casa. Piensa en la comida y bebida que vas a preparar.

b) Ofrece a tus invitados lo que has preparado.

Alumnos B, C y D:

a) Un amigo vuestro (A) os ha invitado a una fiesta de cumpleaños en su casa. Decidid individualmente qué le vais a regalar.

b) Felicitad a vuestro amigo y entregadle los regalos.

■■■■ **Y TAMBIÉN...**

1 **a)** Escucha y marca la frase que oigas.

1. A: Sólo tiene 10.000 habitantes.
    B: ¿Sólo tiene 10.000 habitantes?
    C: ¡Sólo tiene 10.000 habitantes!

2. A: Es muy alto.
    B: ¿Es muy alto?
    C: ¡Es muy alto!

3. A: Le gusta el vino.
    B: ¿Le gusta el vino?
    C: ¡Le gusta el vino!

4. A: Porque no quieres.
    B: ¿Por qué no quieres?
    C: ¡Porque no quieres!

5. A: Está leyendo la sección de deportes.
    B: ¿Está leyendo la sección de deportes?
    C: ¡Está leyendo la sección de deportes!

6. A: Va todos los días al cine.
    B: ¿Va todos los días al cine?
    C: ¡Va todos los días al cine!

7. A: Están durmiendo.
    B: ¿Están durmiendo?
    C: ¡Están durmiendo!

8. A: Está de vacaciones.
    B: ¿Está de vacaciones?
    C: ¡Está de vacaciones!

9. A: Porque no trabajas.
    B: ¿Por qué no trabajas?
    C: ¡Porque no trabajas!

b) Escucha y repite esas frases.

2 **a)** En parejas. Elegid una frase de la actividad 1 e incluidla en un diálogo entre dos personas. Luego escribid el diálogo.

b) Ahora representadlo. Vuestros compañeros tienen que decir qué frase es exactamente.

COMUNICACIÓN GRAMÁTICA

Decir qué se está haciendo

¿Qué haces?

Estoy esperando a Gustavo.

Ofrecer regalos

Toma, esto es para ti.

Valorar cosas

¡Qué bonita es!

¡Qué originales!

Ofrecer comida o bebida y aceptarla o rechazarla

¿Quieres un poco de vino?

Coge un poco más de pescado, que está muy bueno.

Sí, gracias. (Pero muy poco.)

No, gracias.

No, de verdad, gracias. Es que ya no puedo más.

Preguntar y decir la fecha del cumpleaños

¿Qué día es tu cumpleaños?

El treinta y uno de octubre.

Estar + gerundio

(Ver resumen gramatical, apartados 7.5 y 20.)

Para + pronombres personales

Para	mí
	ti
	usted/él/ella
	nosotros/nosotras
	vosotros/vosotras
	ustedes/ellos/ellas

(Ver resumen gramatical, apartado 8.5.)

Frases exclamativas

¡Qué + adjetivo (+ verbo)!

(Ver resumen gramatical, apartado 17.)

Verbo *ser*

— Valoración de objetos.

  (Este reloj) Es precioso.

— Localización en el tiempo.

  Mi cumpleaños es el dos de enero.

(Ver resumen gramatical, apartado 11.1.).

Verbo *estar*

— Descripción de situaciones (*estar* + gerundio).

  Luis está viendo la televisión y Julia está leyendo el periódico.

— Valoración de alimentos consumidos.

  ¡Qué buena está esta tarta!

(Ver resumen gramatical, apartado 11.2.).

1 **a)** Lee el siguiente texto y di dónde puedes encontrarlo.

en una agenda   en un periódico   en una carta comercial   en una revista

en un diario   en un cartel   en un folleto publicitario

> Hoy ha sido un día normal. Me he levantado a la hora de todos los días, pero he perdido el autobús, así que he llegado tarde a clase de Historia Contemporánea. Una pena, porque es una asignatura que realmente me interesa. Luego he tenido otras tres clases, muy aburridas todas. Tampoco he recibido hoy la carta de Marta que estoy esperando. La verdad es que Correos funciona cada día peor.
> Por la tarde he estudiado poquísimo porque he ido al cine con Pepe. Hemos visto una película horrible —no quiero ni mencionar su título—, nos hemos tomado unas cañas y he vuelto a casa a las diez. Luego le he escrito a Marta. ¡Qué ganas tengo de verla!

b) Escribe seis cosas que ha hecho hoy esa persona.

1. Se ha levantado a la hora de todos los días.

2 **a)** Fíjate:

PRETÉRITO PERFECTO

(HABER + PARTICIPIO)

(yo)	he	
(tú)	has	
(él/ella/usted)	ha	estudiado
(nosotros)	hemos	comido
(vosotros)	habéis	salido
(ellos/ellas/ustedes)	han	

b) Lee de nuevo el texto de la actividad 1 y completa estos cuadros.

	-AR	-ER	-IR
INFINITIVO	levantar llegar estudiar tomar	ser perder tener	recibir ir
PARTICIPIO (regular)	levant**ado**	**sido**	recib**ido** ....

INFINITIVO	ver volver escribir
PARTICIPIO (irregular)	visto ....

c) Aquí tienes el participio de algunos verbos irregulares:

hacer → hecho   poner → puesto

decir → dicho   abrir → abierto   descubrir → descubierto

![cassette icon] **3** Escucha y repite lo que oigas sólo si es verdadero. Si es falso, no digas nada.

4 Son las 8.30 de la mañana y Teresa está saliendo de su casa para ir a la universidad. Observa el dibujo y escribe qué ha hecho y qué no ha hecho. Usa los verbos del recuadro.

desayunar	recoger	abrir
apagar	lavarse	tomar
hacer	ducharse	quitarse
ponerse		

Ejemplo: *Ha desayunado.*
No ha recogido la mesa.

145

5 **a)** El profesor te va a hacer cinco preguntas sobre lo que has hecho hoy. ANTES, escribe las respuestas («sí» o «no»).

1. _____ 2. _____ 3. _____ 4. _____ 5. _____

Ahora contesta a las preguntas del profesor.

b) Escribe cinco preguntas para un compañero y prepara cinco respuestas a sus posibles preguntas.

En parejas. Relacionad las preguntas y las respuestas. ¿Hay algo interesante o divertido? Decidlo a la clase.

6 **a)** Escucha esta conversación y haz una lista de las horas que oigas.

b) Escucha y escribe qué ha hecho Marisa a esas horas.

7 Concha y Félix son muy diferentes y no se conocen, pero los dos han hecho hoy cuatro cosas iguales a la misma hora. Habla con tu compañero y descúbrelas.

ALUMNO A

¡NO MIRES LA PARTE DE B!

—Concha se ha levantado a las 7.30.

Mañana

Tarde

Noche

Cuando termines, comprueba con tu compañero.

ALUMNO B

¡NO MIRES LA PARTE DE A!

—Pues Félix (se ha levantado) a las 8.

Mañana

Tarde

Noche

Cuando termines, comprueba con tu compañero.

8 Piensa en lo que has hecho tú hoy y escríbelo. Luego coméntalo con tus compañeros. ¿Cuántas cosas iguales habéis hecho?

9 Fíjate:

También se puede usar el pretérito perfecto cuando se dice lo que se ha hecho o lo que ha pasado:

- esta semana,

- este mes,

- este trimestre,

- este año,

- hace diez minutos,

- hace dos horas,

- hace un rato.

10 En el bolso de algunas personas puedes encontrar de todo. Observa todas estas cosas del bolso de Lucía y escribe lo que ha hecho esta semana. Luego escribe lo que ha hecho el resto del mes. Recuerda que hoy estamos a 23 de abril, viernes.

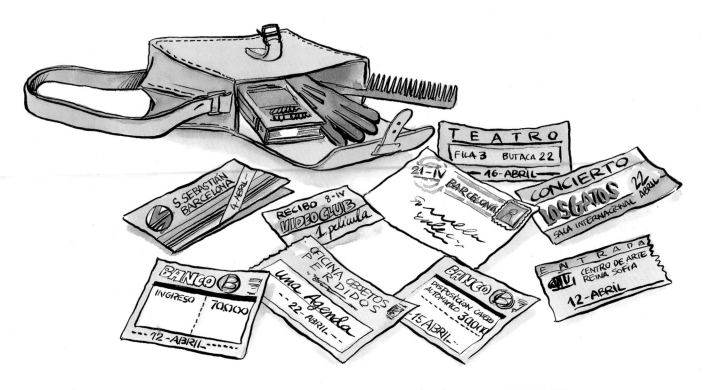

ESTA SEMANA

Ha recibido una carta de Barcelona.

ESTE MES

Ha ido a San Sebastián en tren.

11 **a)** Piensa en cinco cosas que crees que ha hecho tu compañero este año. Luego escríbelas.

b) Díselas. Él te confirmará si las ha hecho o no. ¿Cuántos aciertos tienes?

12 Escucha y lee.

> Roberto: Perdona por llegar tarde, pero
> es que he salido del trabajo
> a las siete...
> Sofía: ¡Bah! No te preocupes.
> Roberto: Lo siento, de verdad.
> Sofía: Tranquilo, hombre, no tiene
> importancia.

Escucha y repite.

13 **a)** Lee estas posibles causas de retraso. Busca en el diccionario las palabras que no entiendas.

perder el tren   dormirse   no oír el despertador   tardar en encontrar el sitio

tardar en encontrar aparcamiento   encontrarse con un conocido por el camino

b) Estas personas han llegado hoy tarde a algún sitio. ¿Qué excusas han puesto? Escríbelas.

— *Perdona por llegar tarde, pero es que no he oído el despertador.*

— _____
_____

— _____
_____

— _____
_____

14 Ahora vosotros. En parejas.

1. ALUMNO A:

> Has quedado con tu novio o con tu novia a las 8 de la tarde y llegas a las 8.20.
> Discúlpate y dile por qué has llegado tarde.

1. ALUMNO B:

> Acepta las disculpas de tu novia o de tu novio y tranquilízala/o.

2. ALUMNO A:

> Eres la madre de Óscar, que tiene 15 años y todos los sábados vuelve a casa a las 10 de la noche. Hoy es sábado y ha vuelto a las 10.30. Acepta sus disculpas.

2. ALUMNO B:

> Eres Óscar, de 15 años. Todos los sábados vuelves a casa a las 10 de la noche, pero éste lo has hecho a las 10.30. Invéntate una buena excusa y discúlpate ante tu madre.

R E C U E R D A

C O M U N I C A C I Ó N

Hablar de lo que se ha hecho recientemente

¿A qué hora te has levantado hoy?

A las ocho.

Disculparse

Perdona por llegar tarde.

Lo siento, de verdad.

Poner excusas

Es que he perdido el tren.

G R A M Á T I C A

Pretérito perfecto

(Ver resumen gramatical, apartado 7.2.)

LECCIÓN 20: **EXPERIENCIAS Y OPINIONES**

1 Mira las fotos y responde a las preguntas.

¿Conoces estos lugares y monumentos?

¿Cómo se llaman?

¿Sabes dónde están?

2 ¿Has estado alguna vez en esas ciudades? Completa las siguientes frases con tu información.

He estado (una vez) en _____ (y _____).

He estado (varias veces) en _____ (y _____).

No he estado nunca en _____ (ni _____).

3 ¿VERDADERO O FALSO? Lee estas informaciones y pregunta al profesor qué significa lo que no entiendas. Luego escucha la conversación y señala verdadero o falso.

	V	F
Ha estado en los cinco continentes.		
No ha montado nunca en camello.		
Ha comido carne de serpiente.		
No le gustó la carne de serpiente.		
Ha ido de safari.		

4 Habla con tus compañeros y escribe el nombre de uno de ellos en cada caso.

¿Quién...

... ha estado en Sudamérica?

Puedes empezar así:

... ha trabajado de camarero/a?

... ha tenido algún accidente de tráfico?

—¿Has estado alguna vez en Sudamérica?

... ha perdido alguna vez una cosa de valor?

—*Sí, (he estado)...*   —*¿Y tú?*

... se ha encontrado alguna vez una cosa de valor?

—*No, (no he estado) nunca.*

... ha comido turrón?

—Pues yo (he estado) ...

... ha cantado alguna vez en público?

—*Yo tampoco.*

... ha visto alguna película española?

... ha hecho teatro alguna vez?

5 **a)** Observa y lee.

Los señores de Cadosa son colombianos. Están de vacaciones en Madrid. Mira su plan del día.

b) Mira su agenda de nuevo. Escribe las cosas que han hecho y las que no han hecho todavía.

¿QUIÉN CONOCE MEJOR LA CIUDAD DONDE ESTÁIS AHORA?

6 **a)** Decide con tus compañeros qué consideráis necesario para conocer un poco la ciudad donde estáis. Luego escríbelo en el recuadro.

	YA	AÚN/TODAVÍA NO
Ir a		
Estar en		
Visitar		

b) Señala tus respuestas.

c) Pregunta a tu compañero si ha hecho ya esas cosas y marca sus respuestas.

d) Comparad las respuestas de los dos. ¿Quién conoce mejor esa ciudad?

7 **a)** Observa estas fotos.

b) Imagina que eres una de esas personas. Piensa en algunas cosas importantes que has hecho en tu vida y escríbelas. Puedes usar el diccionario.

c) Enseña al profesor lo que has escrito.

d) Díselo a tus compañeros. ¿Saben quién eres?

ESTUDIAR ESPAÑOL, TODA UNA EXPERIENCIA

8 **a)** Lee las opiniones de estos cuatro estudiantes de español y decide dónde van las frases del recuadro.

> A. Hay que hacer ejercicios de pronunciación y entonación en clase.
>
> B. Es muy importante aprender bien la gramática.
>
> C. No me importa cometer algunos errores.
>
> D. No sé si estoy hablando bien o mal.

Lucy

«Cuando estudio una lengua quiero hablar, comunicarme con las personas que hablan esa lengua. Mi objetivo es comprender lo que oigo y que la gente comprenda lo que digo, 1... Por esa razón pienso que es necesario hablar mucho en clase.»

Chris

«Creo que es muy importante aprender a pronunciar y entonar frases correctamente.
Muchas veces me siento muy fustrado porque quiero decir palabras que conozco, pero las pronuncio mal y la gente no me entiende. En mi opinión, 2...»

Hanna

«Si no estudias gramática aprendes más lentamente y olvidas las cosas fácilmente, por eso 3... ¡Ah!, y fuera de clase, en la calle, puedes aprender vocabulario, pero normalmente no aprendes gramática.»

Akira

«A veces, cuando hablamos, el profesor no nos corrige los errores y eso no me gusta porque 4...»

b) Ahora responde a estas preguntas.

¿Cuál de los cuatro estudiantes...

... piensa que el profesor debe corregirle siempre?

... cree que la gramática es fundamental?

... piensa que es importante hablar mucho en clase?

... cree que hay que hacer ejercicios de fonética en clase?

c) Lee de nuevo y di qué personas crees que están estudiando español en un país de habla hispana. ¿Por qué?

Creo que ... porque ...

9 Y tú, ¿qué opinas? ¿Estás de acuerdo con ellos? Coméntalo con tu compañero.

—Yo (no) estoy de acuerdo con Lucy porque | creo | que
                                          | pienso |

... ¿Y tú?, ¿qué | piensas | ?
                | crees |

—Pues yo | creo | que Lucy (no) tiene razón porque...
          | pienso |

10 **a)** Escribe frases dando tu opinión sobre:

- lo más importante para aprender una lengua extranjera
- lo más difícil de la lengua española
- lo más fácil de la lengua española

| Creo | que lo más importante para aprender una lengua extranjera es ...
| Pienso |

b) Ahora coméntalas con tus compañeros. ¿Están de acuerdo contigo?

11 Lee estas preguntas y habla con la clase.

¿Qué haces tú para...

            ... aprender vocabulario?

            ... aprender gramática?

            ... comunicarte cuando no sabes una palabra?

            ... averiguar cómo se pronuncia una palabra?

¿Han dicho tus compañeros algo interesante que tú no haces en esas situaciones?

■■■■ Y TAMBIÉN...

1 **a)** Pregunta al profesor lo que significan estas palabras:

        cariño   vergüenza   corazón   hiciste   cortar

b) Elige dos y memorízalas. Luego cierra el libro y escucha la canción. Ponte de pie cuando oigas una de ellas y siéntate cuando oigas la otra.

2 Ahora lee la letra de la canción y busca:

- una palabra que significa «mentiroso»
- lo contrario de «has querido».

Dime

si has mentido alguna vez

y dime si cuando lo hiciste

sentiste vergüenza de ser embustero.

Dime

dime

dime

si has odiado alguna vez

a quien hiciste creer

un cariño de verdad.

Dime

si siente tu corazón

como en sí mismo el dolor de tu hermano.

Dime

dime

dime

si has cortado alguna flor

sin que temblaran tus manos.

Dime.

LOLE Y MANUEL, *Dime.* (Fragmento.)

3 Escucha de nuevo y lee.

4 Piensa en estas cuestiones y coméntalas con la clase.

¿Sabes qué tipo de música es?

¿De qué parte de España es típica?

¿Has escuchado otras canciones de este estilo?

¿Puedes decir el nombre de algún intérprete de este tipo de música?

RECUERDA

COMUNICACIÓN GRAMÁTICA

Hablar de experiencias personales

¿Has estado alguna vez en Moscú?

Sí, (he estado) dos veces.

No, (no he estado) nunca.

¿Has ido ya al Museo del Prado?

Sí, (ya he ido).

No, | *todavía* | *no (he ido).*
   | *aún* |

Expresar opiniones

| Yo creo | que el francés es bastante fácil.
| Yo pienso |

Expresar acuerdo y desacuerdo

Yo (no) estoy de acuerdo con Margit.

Yo creo que Margit (no) tiene razón.

Pretérito perfecto

(Ver resumen gramatical, apartado 7.2.)

Ya - aún / todavía no

(Ver resumen gramatical, apartado 23.)

Con + pronombres personales

conmigo	
contigo	
con	usted/él/ella
	nosotros/nosotras
	vosotros/vosotras
	ustedes/ellos/ellas

Pues yo no estoy de acuerdo contigo.

(Ver resumen gramatical, apartado 8.5.)

1 **a)** Mira estas fotos de Lanzarote y responde a las preguntas.

Valle de las Palmeras

Playa del Papagayo

Parque Nacional
de Timanfaya

Jameos del Agua

¿Sabes dónde está Lanzarote?

¿Has estado alguna vez allí? ¿Te gustó?

b) Ahora escucha esta conversación telefónica entre Chema (de vacaciones en Lanzarote) y Rosa (en Madrid) y marca la columna correspondiente.

	Ya lo ha hecho	Aún Todavía	No lo ha hecho	No se sabe
Estar en la playa del Papagayo.				
Visitar el Parque Nacional de Timanfaya.				
Estar en los Jameos del Agua.				
Ir al mercado de Teguise.				
Ver a Angelines.				
Ir al restaurante recomendado.				
Bañarse en el mar.				
Comprarse la cámara.				

2 **a)** Lee el siguiente artículo y elige el título adecuado: A.   COMEMOS MÁS QUE ANTES

   B.   COMEMOS COMO ANTES   C.   COMEMOS PEOR QUE ANTES

La dieta española —como la de otros muchos países— está cambiando. Los alimentos tradicionales están siendo sustituidos por otros, normalmente de origen norteamericano, que son peores para la salud porque tienen muchas grasas animales.

Actualmente tomamos menos legumbres, verduras, ensaladas, arroz y aceite de oliva que antes. Por el contrario, el consumo de hamburguesas, perritos calientes, sandwiches y patatas fritas es ahora mayor. A mi padre le gustan mucho las naranjas.

También cocinamos menos que antes y comemos más fuera de casa, a menudo alimentos con mucha grasa.

Las consecuencias de estos nuevos hábitos alimenticios son claramente negativas: el número de enfermedades relacionadas con la mala alimentación es cada vez mayor. Muy cerca de donde estudio hay un hospital.

EL MUNDO DEL SIGLO VEINTIUNO, 31-5-91 (Adaptado)

b) Léelo de nuevo y busca dos frases que sobran.

c) Busca dos alimentos tradicionales de España que aparecen en el texto.

¿Los has tomado alguna vez?

¿Te gustan?

d) Ahora comenta con tus compañeros.

¿En tu país está pasando lo mismo que en España?

3 **a)** Busca cinco palabras difíciles en las lecciones 16-20 y escríbelas. Si no recuerdas cómo se dicen en tu lengua, míralas en el diccionario y escribe tu traducción.

b) En grupos de tres, por turnos. Un alumno dice una de esas palabras y los otros dos tienen que imaginar y representar un pequeño diálogo incluyéndola. Si no lo hacen correctamente, el primer estudiante obtiene un punto. Gana el que consigue más puntos.

¿BIEN O MAL?

4 Éstas son las instrucciones del juego de la página siguiente. Léelas y pregúntale al profesor lo que no entiendas:

1. En grupos de tres o cuatro. Juega con un dado y una ficha de color diferente a la de tus compañeros.

2. Por turnos. Tira el dado y avanza el número de casillas que indique.

3. Si caes en una casilla con una o varias frases, decide si están bien o mal y, en este caso, corrígelas.

4. Si tus compañeros están de acuerdo con lo que dices, quédate en esa casilla.
   Si no están de acuerdo contigo, preguntad al profesor quién tiene razón.
   Si estás equivocado, vuelve a la casilla donde estabas.

5. Si caes en el principio de una escalera, súbela. Si caes en un agujero, baja hasta el final.

30 ESTA SEMANA HE ESCRITO CINCO CARTAS.

31

32 MAÑANA ESTÁ UN CONCIERTO MUY BUENO.

33

34 ...PERO LOS FINES DE SEMANA NOS ACUESTAMOS MUY TARDE.

35 TOMA, ESTO ES PARA TI.

36 —ME ENCANTA ESQUIAR. —A MÍ SÍ.

37 NO ME VOY BIEN TAN PRONTO. ¿POR QUÉ NO VAMOS A LA SIGUIENTE SESIÓN?

38 —¿CONOCES PARÍS? —SÍ, HE ESTADO MUCHAS VECES ALLÍ.

39

40

41 ¡AH! PUES ES VERDAD QUE JOHN ES MÁS ALTO QUE MI NOVIO.

42 —¿ESTÁ QUIQUE? —¿DE PARTE DE QUIÉN?

44 HOY HA VENIDO MUCHA GENTE A CLASE, ¿NO?

45 AÚN NO HE IDO A LA PLAYA ESTE AÑO.

46

47 PUES YO TERMINO DE TRABAJAR A LAS 6 EN LA TARDE.

48 —¿QUÉ VAN A TOMAR DE POSTRE? —YO, UNA NARANJA. —PARA MÍ, UN FLAN.

49 ¿SABES DÓNDE ESTÁ EL TEATRO ROMEA?

50

51 OYE, PERDONE ¿TIENE HORA?

52

53

54 VALE, ENTONCES, QUEDAMOS A LAS 8 DELANTE DEL CINE.

55 PUES YO NO ESTOY DE ACUERDO CONTIGO.

56 ¿QUÉ ES TU CANTANTE FAVORITO?

57

58 EL ESPAÑOL ES TAN FÁCIL QUE EL ITALIANO, ¿VERDAD?

LLEGADA

MUCHÍSIMO LAS PIERNAS HOY.

¡TAN CONTENTO HOY!

¡QUÉ BONITOS!

POCO MÁS DE MAYONESA, POR FAVOR?

18 PERDONA POR LLEGAR TARDE.

19 _ _ _ _ _ _

20

21 SIGUE TODO RECTO Y TOME LA SEGUNDA A LA IZQUIERDA.

22 POR LA MAÑANA VOY A CLASE Y POR LA TARDE DE TRABAJO.

23 ES MUY JOVEN: SÓLO ES 18 AÑOS.

17 CREO ES ALEMANA, PERO NO ESTOY SEGURO.

16 A LUIS NO SE GUSTAN MIS ZAPATOS.

15

14 TRABAJA MUCHÍSIMO: DIEZ HORAS AL DÍA.

13 ¿NO SON TUS PADRES EN CASA?

12 _ _ _ _ _ _

6 - NO ME GUSTA ESE CUADRO.
- A MÍ YO TAMPOCO.

7 ¿NUNCA NO COMES CARNE?

8 TU HERMANO MAYOR ESTÁ MÉDICO, ¿NO?

9

10 ÉSTA SÍ ME GUSTA. ¿PUEDO PROBÁRMELA?

11 NO HA VENIDO A CLASE PORQUE ESTÁ ENFERMO.

5 _ _ _ _ _ _

4 MI PUEBLO ES FAMOSO PARA EL VINO.

2 HOY ESTÁN MUCHOS COCHES EN LA CALLE.

1 DICE QUE SU HIJA ESTÁ MUY INTELIGENTE.

SALIDA

1 Observa este billete con atención. Luego lee las frases y marca la columna correspondiente.

	Sí	No	No se sabe
1. Es un billete de ida y vuelta.			
2. Es para el día 17 de diciembre de 1991.			
3. Es un billete de Iberia.			
4. Este billete cuesta 8.850 pesetas.			
5. El vuelo 758 de Iberia sale de Madrid a las 7.40.			
6. El viaje de Madrid a Zaragoza dura una hora.			
7. Es un billete sin reserva.			

2 a) ¿Qué es para ti lo más importante cuando viajas? Escribe estas palabras por orden de importancia:

la rapidez   la seguridad   la comodidad   el clima   el precio   la puntualidad

¿Puedes añadir alguna más?

b) En parejas. Escribid un adjetivo relacionado con cada una de esas palabras y su contrario. Podéis consultar el diccionario.

rapidez → rápido/a ≠ lento/a

c) ¿Con qué transportes asocias cada uno de esos adjetivos?

rápido → avión

3 Comenta con tu compañero qué medio de transporte prefieres en cada caso y por qué. Luego pregúntale a él.

1. Para ir a otra ciudad, ¿prefieres el tren o el autobús?

   —Yo prefiero el tren porque es más cómodo que el autobús.

   ¿Y tú?

   —*Yo también prefiero el tren* | *por lo mismo.*

   | *porque es más seguro.* |

   —*Pues yo prefiero el autobús porque es más rápido que el tren.*

   —*Pues a mí me da igual.*

2. Para ir a un país cercano, ¿prefieres el tren o el avión?

3. Para distancias cortas en el campo, ¿prefieres el coche o la bicicleta?

4. Para ir a otro continente, ¿prefieres el avión o el barco?

5. Para moverte por la ciudad, ¿prefieres el metro o el autobús?

4 Escucha y lee. Luego responde a estas tres preguntas:

- ¿Adónde va la chica?
- ¿En qué medio de transporte?
- ¿Qué le ha pasado?

—Buenas. Un billete para el Talgo de Bilbao.

—*Acaba de salir.*

—¿Que acaba de salir?

—*Sí, ha salido hace cinco minutos.*

—¿Y qué otros trenes hay?

—*Hay uno a las 21.20 y otro a las 23.40.*

—¿A qué hora llega el de las 21.20?

—*A las 6.35.*

—¿Lleva literas?

—*Sí.*

—Pues deme un billete con litera.

5 a) Observa este horario de autobuses y responde a las preguntas.

1. ¿Cuántos autobuses hay para León?
2. A qué hora llega el último a León?
3. ¿Cuántos salen de Madrid por la mañana?
4. ¿Cuánto dura el viaje de Valladolid a Palencia?
5. ¿Para algún autobús en Astorga?
6. ¿A qué hora sale el primero que va a Valladolid por autopista?

b) ¿Tenéis buena memoria? En parejas. Uno de los dos cierra el libro y el otro le hace preguntas sobre la información del horario.

EMPRESA
FERNANDEZ-RES, S.A.
LEON

HORARIOS de los Servicios de: LEON, VALLADOLID, ASTORGA y PALENCIA con MADRID

—— DOMINGOS Y FESTIVOS ——

	Madrid	Valladolid	Astorga	Palencia	León
SALIDAS DE MADRID	9,00	11,30 *	—,—	12,30	—,—
	10,00 (4)	—,—	—,—	—,—	14,00
	10,00	12,30 *	—,—	—,—	14,30
	10,30 (3)	13,00	—,—	—,—	—,—
	15,00 (3)	17,30	—,—	—,—	—,—
	16,00 (4)	—,—	—,—	—,—	20,00
	16,00	18,30 *	—,—	19,30	—,—
	19,00	21,30 *	—,—	—,—	23,30
	20,00	22,30 *	—,—	23,30	—,—
	21,00 (3)	23,30	—,—	—,—	—,—
	23,00	1,30 *	—,—	2,30	—,—
	24,00	2,30 *	—,—	—,—	4.30

(*) No se despachan billetes con antelación
(3) Directo por Autopista
(4) Servicio Preferente

6 Escucha esta conversación y completa el cuadro:

¿Adónde quiere ir?	
¿A qué hora llega el tren de las 10.20?	
¿Y el de las 11.10?	
¿Para qué tren es el billete que compra?	

7 Ahora vosotros. En parejas.

ALUMNO A:

Son las 2.45 y estás en la estación de Córdoba. Quieres comprar un billete para llegar a Málaga antes de las 8.30.

ALUMNO B:

Eres un empleado de RENFE y trabajas en la estación de Córdoba. Atiende al alumno A y consulta este horario si lo necesitas. Luego véndele un billete si te lo pide.

Córdoba		7 50	16 15	19 08	4 01	5 10	3 01
Montilla			16 53		4 43		3 43
Aguilar de la Frontera			17 00		4 53		
Puente Genil		8 44	17 16	19 53	5 16	6 06	4 04
Casariche			17 26				
La Roda de Andalucia			17 35		5 41		
Bobadilla	O	9 17	17 50	20 21	6 05	6 41	4 35
Bobadilla							4 53
Ronda							6 17
San Roque-La Linea							8 04
Algeciras	O						8 25
Bobadilla		9 21	17 51	20 22	6 10	6 46	■
Alora		9 53	18 28		6 51		
Málaga	O	10 30	19 00	21 20	7 40	8 00	

4 Costa del Sol.
5 Estrella del Estrecho.

8 Lee las palabras y expresiones de la lista y escribe para cada dibujo la(s) que corresponda(n). Puedes usar el diccionario.

1

Hace viento

2

3

4

5

6

hace calor

hace frío

hace sol

hace viento

hace buen tiempo

hace mal tiempo

llueve

nieva

está nublado

hay niebla

9 **a)** Observa los nombres de las cuatro estaciones.

La primavera   El verano   El otoño   El invierno

b) ¿En qué estación o estaciones del año te hacen pensar los dibujos de la actividad 8? Díselo a tus compañeros.

—A mí el dibujo número 1 me hace pensar en ...

—*A mí también ...*

—*A mí, en ...*

10 Fíjate:

—¿Qué tiempo hace en (Madrid) en (invierno)?

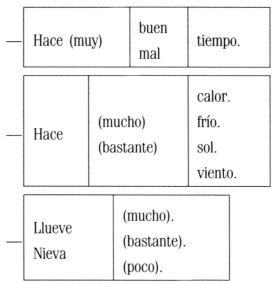

—	Hace (muy)	buen mal	tiempo.

—	Hace	(mucho) (bastante)	calor. frío. sol. viento.

—	Llueve Nieva	(mucho). (bastante). (poco).

11 **a)** Piensa en una ciudad que tiene un clima que te gusta.

b) En grupos de tres.

Describe el clima a tus compañeros y dales también alguna información sobre esa ciudad (país, situación, habitantes, por qué es famosa...). ¿Saben cuál es?

En primavera hace ... En otoño ...

12 Un amigo extranjero que has conocido en otro país va a venir a tu casa a pasar una semana contigo. Escríbele e infórmale del clima de tu pueblo (o tu ciudad) y dile qué ropa puede traer.

■■■■ **Y TAMBIÉN...**

1 Escucha los sonidos del comienzo de esta canción. ¿Qué te sugieren? Piensa en:

- un lugar
- una hora
- el tiempo que hace
- una estación del año
- un mes.

Escríbelo y luego díselo a tus compañeros.

2 Ahora escucha toda la canción y lee.

Todo es de color
todo es de color
todo es de color
todo es de color.
¡Qué bonita es la primavera!
¡Qué bonita es la primavera cuando llega!
El clavel que tienes en tu ventana
me hace recordar al barrio de Triana.

TRIANA, *Todo es de color.*

3 Señala la respuesta que creas adecuada.

A. Un clavel es...
   ☐ un animal
   ☐ una flor

B. El barrio de Triana está en...
   ☐ Barcelona
   ☐ Sevilla

4 Comenta con tus compañeros:

¿Cuáles son la estación y el mes del año que más te gustan? ¿Por qué?
¿Y los que menos? ¿Por qué?

COMUNICACIÓN GRAMÁTICA

Expresar preferencias y comparaciones

¿Qué prefieres: el tren o el autobús?

(Prefiero) El tren porque es más cómodo.

Pedir y dar información sobre medios de transporte

¿(Me puede decir) Qué trenes hay para Málaga?

Hay uno dentro de un cuarto de hora y otro a las 23.10 h.

¿A qué hora llega el de las 23.10 h?

A las 5.45 h.

¿Lleva literas?

Sí.

Hablar del tiempo atmosférico

¿Qué tiempo hace en Zaragoza en verano?

Hace mucho calor y llueve muy poco.

Presente de indicativo. Verbos irregulares:

llover: llueve

nevar: nieva

Adverbios de cantidad

muy, mucho, bastante, poco

(Ver resumen gramatical, apartado 15.)

Muy - mucho

— *Muy* + adjetivo

   Hace muy buen tiempo.

— *Muy* + adverbio

   Muy bien.

— *Mucho/a/os/as* + sustantivo

   Aquí hace mucho frío.

— Verbo + *mucho*

   En Galicia llueve mucho.

(Ver resumen gramatical, apartado 16.).

1 Escucha y lee.

—Este fin de semana voy a ir a la playa. ¿Quieres venir?

—*¿Este fin de semana? Imposible. El sábado voy a salir con unos amigos y el domingo tengo que estudiar para el examen del lunes.*

—Bueno, pues otra vez será.

2 Lee el programa de una excursión a Granada para el próximo sábado. ¿Hay algo que no entiendes?

VIAJES VAIVÉN

EXCURSIÓN A GRANADA   4 de julio de 1991

8.30   Salida en autobús de la plaza de Andalucía.
10.15 Llegada a Granada.
10.30 Visita a la Alhambra.
12.30 Visita al Albaicín.
14.00 Comida en el Restaurante Medina.
15.30-19.30 Tiempo libre.
20.00 Concierto flamenco a cargo de Manolo Alfileres.
22.30 Cena en el Mesón del Chato.
23.30 Regreso a Córdoba.

3 **a)** Un amigo tuyo va a hacer esa excursión y tú quieres informarte. Prepara las preguntas con tu compañero. Pensad en los siguientes aspectos:

- medio de transporte → *¿Cómo vas a ir?*
- hora de salida
- hora de vuelta
- ¿mucha gente?

- visitas
- comidas
- ¿algún espectáculo?

b) En parejas.

Alumno A: El sábado vas a ir a esa excursión. Responde a las preguntas de tu compañero.

Alumno B: Tu compañero va a ir a Granada el sábado. Hazle preguntas sobre la excursión.

4 Fíjate:

Con el verbo IR + A + INFINITIVO podemos usar las siguientes referencias temporales:

mañana	este verano/invierno/...
pasado mañana	la semana que viene = la próxima semana
el domingo/lunes/...	el mes que viene = el próximo mes
este fin de semana	el año que viene = el próximo año
esta semana	en Navidades/Pascua/...
este mes/año	en julio/agosto/...

Ejemplo: Este fin de semana **voy a jugar** al tenis.

5 Escucha esta conversación entre un chico y una chica y completa el cuadro con lo que va a hacer cada uno el fin de semana.

	ÉL	ELLA
EL SÁBADO	*va a ir de compras*	
EL DOMINGO		*va a ir a un concierto*

6 Habla con tus compañeros y escribe en cada caso el nombre de uno de ellos.

¿Quién...

... va a ir al cine este fin de semana?

... quiere ir al campo el domingo?

... no va a venir a clase mañana?

... va a salir esta noche?

... quiere hacer una excursión este fin de semana?

... no va a hacer hoy los deberes?

—¿Vas a ir al cine este fin de semana?

— | *Sí.*
| *No.*
| *No sé.* | *¿Y tú?*
| *No lo sé todavía.*

—(Pues) Yo...

CUESTIÓN DE LÓGICA

7 **a)** Lee y completa el cuadro.

Carlos, Maite, Ana, Nacho, Luisa y Juan forman tres parejas. Este fin de semana cada pareja va a ir a bailar, al teatro o al campo el viernes, el sábado o el domingo.

Nacho va a ir a bailar, pero no con Ana.

Luisa va a salir con Carlos.

Ana va a ir al teatro.

Juan va a salir el viernes.

Carlos va a ir al campo.

Maite no va a salir el domingo.

¿QUIÉNES?	¿QUÉ VAN A HACER?	¿CUÁNDO?

b) Ahora completa estas frases.

Nacho _____ _____ ir a bailar con _____. Va a ir el _____. El _____Carlos va a ir al campo con _____. Juan va a ir el viernes _____ _____. Va a ir con _____.

8 **a)** En parejas. El próximo fin de semana lo vais a pasar juntos, pero aún no sabéis dónde. Decididlo ahora. Pensad también en:

- actividades y visitas
- medio de transporte
- alojamiento, etc.

b) En grupos de cuatro (dos parejas). Intentad obtener toda la información que podáis sobre los planes de la otra pareja. ¿Sabéis dónde van a pasar el fin de semana?

9 Antonio quiere ir este verano a Egipto a estudiar árabe. Hoy ha ido a la embajada de ese país para informarse sobre las condiciones para obtener el visado y ha tomado estas notas. Léelas y escribe qué hay que hacer para obtener un visado de entrada a ese país.

Hay que presentar el pasaporte

-presentar el pasaporte
-llevar una fotografía tamaño carnet
-pagar 3550 pta
-rellenar un formulario

(Horario: 10-12h)

10 Ahora di lo que tiene que hacer Antonio para obtener el visado.

—*Tiene que presentar el pasaporte en la embajada.*

11 **a)** En parejas. Discutid lo que hay que hacer para aprender bien una lengua en un país donde se hable. Tomad nota.

b) ¿Qué tiene que hacer Antonio para aprender mucho árabe en Egipto? Comentadlo con vuestros compañeros. ¿Están de acuerdo?

12 En grupos de cuatro.

Imagina que el mes que viene te vas a ir de vacaciones a uno de estos lugares. Di a tus compañeros qué tienes que hacer para ir y qué piensas hacer allí. ¿Saben qué sitio es?

1 Lee esta historieta y pregunta al profesor lo que no entiendas.

2 **a)** En grupos de tres. Responded a las preguntas.

¿Qué creéis que va a pasar? ¿Qué va a hacer Juanita? ¿Y Jacinto?

¿Cómo creéis que continúa la historieta? Escribidlo.

b) Contad a la clase lo que habéis escrito.

3 Pedid al profesor la continuación de la historieta y comparadla con la vuestra.

4 Ahora decidid qué grupo se ha imaginado una historia más parecida a la original.

COMUNICACIÓN GRAMÁTICA

Hablar del futuro: planes y proyectos

¿Qué vas a hacer esta noche?

Voy a ir al teatro con unos amigos.

Ir + *a* + infinitivo

(Ver resumen gramatical, apartado 21.)

Expresar obligación o necesidad

Para entrar en Egipto hay que presentar el visado en la frontera.

Hay + *que* + infinitivo

(Ver resumen gramatical, apartado 22.2.)

Esta semana tengo que estudiar mucho.

Tener + *que* + infinitivo

(Ver resumen gramatical, apartado 22.1.)

1 **a)** Observa y lee.

b) Responde a las preguntas.

— ¿En qué diálogos se pide permiso para hacer algo?

— ¿En cuáles se pide un favor a otra persona?

2 Fíjate:

Cuando concedemos permiso podemos usar el imperativo.

a) IMPERATIVO AFIRMATIVO

Verbos con imperativo regular:

	-AR pasar	-ER coger	-IR abrir
TÚ	pasa	coge	abre
USTED	pase	coja	abra

Hay verbos que en imperativo tienen la misma irregularidad que en presente de indicativo:

	cerrar	encender	pedir
TÚ	cierra	enciende	pide
USTED	cierre	encienda	pida

Otros verbos con imperativo irregular:

	poner	venir	ir	hacer	decir	tener	salir
TÚ	pon	ven	ve	haz	di	ten	sal
USTED	ponga	venga	vaya	haga	diga	tenga	salga

b) IMPERATIVO AFIRMATIVO + pronombres de objeto directo
«LO», «LA», «LOS», «LAS».

—¿Puedo coger el lápiz?

—*Sí, sí. Cógelo.*

—¿Puedo abrir la puerta?

—*Sí, claro. Ábrela.*

—¿Puedo hacer los ejercicios ahora?

—*Sí, claro. Hazlos.*

—¿Puedo cerrar las ventanas?

—*Sí, sí. Ciérralas.*

3 **a)** Lee las frases del 1 al 6.

1. ¿Puedo encender la luz? Es que no se ve casi nada.
2. Tengo que hablar con unos amigos. ¿Puedo hacer un par de llamadas?
3. Perdona, ¿puedo coger un cigarrillo?
4. Ángel, ¿puedo tirar estos periódicos a la basura?
5. ¿Puedes traerme el diccionario de inglés?
6. Casi no se oye, ¿verdad? ¿Puedo subir el volumen?

A. Es que no sé dónde está.
B. A ver... sí, sí, tíralos.
C. Sí, claro. Súbelo
D. Sí, claro. Hazlas, hazlas.
E. Lo siento, pero es que sólo me queda uno.
F. Sí, sí. Enciéndela.

b) Relaciona las preguntas con las respuestas.

c) Escucha y comprueba.

4 **a)** Escucha los diálogos y marca la columna correspondiente.

	PIDE PERMISO	PIDE UN FAVOR
1		X
2		
3		
4		
5		

b) Escucha de nuevo y señala si las respuestas son afirmativas o negativas.

5 Ahora vosotros. En parejas.

Alumno A: Te vas de vacaciones y le pides unos favores a tu mejor amigo/a:

- llevarte al aeropuerto
- darle de comer al perro
- sacarlo a pasear
- regar las plantas
- ir a recogerte al aeropuerto.

Si te pide permiso para hacer algunas cosas, decide si se lo concedes o no. Dile en cada caso por qué.

Alumno B: Tu mejor amigo/a se va de vacaciones la semana que viene y te va a pedir unos favores. Tú se los vas a hacer, claro. Luego le pides permiso para hacer otras cosas:

- usar su ordenador
- llevar amigos a su casa
- coger su bicicleta
- organizar una fiesta en su casa.

Explícale por qué.

6 **a)** Observa y lee.

175

b) Mira estas señales y carteles y di dónde puedes encontrarlos.

c) Escribe qué se puede o no se puede hacer en cada caso. Puedes usar el diccionario si lo necesitas.

1. Se puede pagar con tarjeta de crédito.

7 **a)** Habla con tu compañero y haz una lista de cosas que se pueden hacer y otra de cosas que no se pueden hacer en la clase de español.

b) Ahora decídselo a la clase. ¿Qué cosas están en todas las listas? Escribidlas en un cartel grande y ponedlo en una pared de la clase.

8 En grupos de cuatro. Piensa en un lugar público y en lo que se puede y no se puede hacer allí. Tus compañeros te van a hacer preguntas para descubrir qué sitio es. Tú sólo puedes contestar «sí» o «no».

—¿Se puede fumar?

—*No.*

—¿Me das tu dirección?

● *Avenida de...*

—¿Tienes un bolígrafo?

● *No. Lo siento. ¡Ah! mira, ese chico tiene uno.*

—Oye, perdona, ¿me dejas el bolígrafo un momento?

▲ *Sí, toma.*

—Gracias.

10 **a)** ¿Qué dices para pedir estas cosas? Escríbelo en la columna correspondiente.

un cigarro   5.000 pesetas   un vaso de agua   una aspirina

tu cazadora de cuero   el periódico   un chicle   un poco de sal

tu cámara   el último disco de Gabinete Caligari   fuego

¿Me das...?	¿Me dejas...?
un cigarro	5.000 pesetas

b) En parejas. Piensa qué cuatro cosas quieres pedirle a tu compañero y pídeselas. Si él te pide algo, decide si se lo das o se lo dejas; en caso negativo, dile por qué.

—¿Me das un cigarro?

—*Sí, toma.*

—*Es que no me quedan. Lo siento.*

11 Ahora vosotros.

a) Es lunes. Esta mañana te has levantado tarde, has salido de casa corriendo y te has olvidado algunas de las cosas que traes normalmente a clase. Haz una lista de cinco cosas que no has traído.

b) Durante la mañana necesitas algunas de esas cosas. Pídeselas a tus compañeros. Si alguno de ellos te pide algo, dáselo o déjaselo; en caso negativo, no olvides decirle por qué.

■■■■ **Y TAMBIÉN...**

1 **a)** Lee estas frases.

¿Puedo irme diez minutos antes? Es que tengo que...

¿«Parecido» y «similar» significan lo mismo?

No escribáis ahora, ya lo escribiréis después. Ahora escuchad.

¿Qué tenemos que hacer para mañana?

Ahora vamos a escuchar una cinta.

¿Se puede decir «tengo ganas de tomar algo»?

¿Podemos copiarlo ahora?

Para mañana vais a hacer una redacción sobre...

¿Ya está?

No me acuerdo.

¿Qué significa «estar harto»?

b) En parejas. Decidid quién las dice normalmente en clase (¿el alumno, el profesor o ambos?) y en qué momento de la clase. Luego comentadlas con vuestros compañeros.

c) Piensa en otras frases que dice tu profesor a menudo y díselas a la clase.

d) Comenta con tus compañeros las frases que dices frecuentemente en clase y fuera de clase. Explícaselas si no saben lo que significan.

COMUNICACIÓN GRAMÁTICA

Pedir permiso y concederlo o denegarlo

¡Qué calor tengo! ¿Puedo abrir la ventana?

(INFORMAL)

Sí, claro. Ábrela, ábrela.

(FORMAL)

Sí, claro. Ábrala, ábrala.

(Lo siento, pero) Es que yo tengo frío.

Pedir un favor y responder afirmativa o negativamente

¿Puede/s traerme el diccionario, por favor?

Sí, claro.

(Lo siento, pero) Es que no sé dónde está.

(Perdone/a, pero) Es que ahora no puedo.

Preguntar si está permitido hacer algo en un sitio

¿Se puede fumar aquí?

Pedir cosas y responder afirmativa o negativamente

(INFORMAL)	(FORMAL)
¿Me das fuego?	¿Me da fuego?
Sí, toma.	*Sí, tome.*
(Es que) No fumo. Lo siento.	
(Es que) No tengo. Lo siento.	

Pedir cosas prestadas y responder afirmativa o negativamente

(INFORMAL)	(FORMAL)
¿Me dejas tu libro?	¿Me deja su libro?
Sí, toma.	*Sí, tome.*
Sí, cógelo.	*Sí, cójalo.*
Es que lo necesito. Lo siento.	

Imperativo afirmativo

(Ver resumen gramatical, apartado 7.4.)

Imperativo afirmativo + pronombres de objeto directo

Ciérrala.

(Ver resumen gramatical, apartado 7.4.)

1 Mira estas fotos y responde a las preguntas.

Las Ramblas

La estatua de Colón

La Sagrada Familia

El parque Güell

La catedral

La Fundación Miró

¿Te gustan?

¿Sabes de qué ciudad son?

¿Has estado alguna vez allí?

¿Por qué es famosa?

2 Lee esta postal escrita en Barcelona y di los lugares de la actividad 1 que ha visitado Cristina.

LA SAGRADA FAMILIA
BARCELONA

Hola, Ángel:

Como ves, te escribo desde Barcelona. Vine el viernes por la tarde a pasar el fin de semana. Por la noche salí a cenar con unos amigos y luego estuvimos tomando unas copas. Ayer por la mañana visité la Sagrada Familia y me gustó muchísimo. Por la tarde fui a las Ramblas y conocí a unos chicos muy simpáticos. Hoy he ido a la Fundación Miró y luego me he dado un paseo por el Barrio Gótico. Barcelona es preciosa. Lo malo es que me voy esta tarde.

Hasta pronto. Un beso

Cristina

ÁNGEL ZAPATA
Castelló, 42-3ºA
28001 MADRID

3 En el texto de la postal aparece un nuevo tiempo del pasado, el pretérito indefinido. Léela de nuevo. ¿Qué formas pueden corresponder al pretérito indefinido de los siguientes verbos?

venir   - *vine*

salir   -

gustar   -

visitar   -

estar   -

ir   -

conocer -

¿Qué formas te parecen irregulares?

4 Fíjate:

PRETÉRITO INDEFINIDO

● VERBOS REGULARES

	-AR Visitar	-ER Conocer	-IR Salir
(yo)	visité	conocí	salí
(tú)	visitaste	conociste	saliste
(él/ella/usted)	visitó	conoció	salió
(nosotros)	visitamos	conocimos	salimos
(vosotros)	visitasteis	conocisteis	salisteis
(ellos/ellas/ustedes)	visitaron	conocieron	salieron

● VERBOS IRREGULARES

	IR/SER	ESTAR	VENIR	HACER
(yo)	fui	estuve	vine	hice
(tú)	fuiste	estuviste	viniste	hiciste
(él/ella/usted)	fue	estuvo	vino	hizo
(nosotros)	fuimos	estuvimos	vinimos	hicimos
(vosotros)	fuisteis	estuvisteis	vinisteis	hicisteis
(ellos/ellas/ustedes)	fueron	estuvieron	vinieron	hicieron

5 **a)** Escucha y subraya la sílaba más fuerte de estas formas verbales en pretérito indefinido.

visité	salí	fui	hice	estuve
conociste	visitaste	estuviste		
visitó	salió	fue	vino	estuvo
conocimos	visitamos	estuvimos		
salisteis	vinisteis	estuvisteis		
visitaron	conocieron	estuvieron		vinieron

b) Ahora subraya la sílaba más fuerte de las formas que aparecen en 4.

6 **a)** Lee estas referencias temporales (usamos con ellas el pretérito indefinido).

ayer	hace dos semanas	en Navidad	anteayer
	el otro día	el mes pasado	en 1975
el año pasado		en julio	hace tres meses
	la semana pasada	el 15 de junio de 1977	

b) Ordénalas y colócalas en esta «línea del tiempo» (de la más próxima a la más alejada del presente).

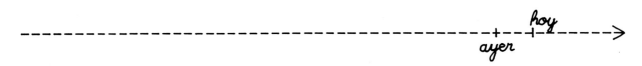

7 En grupos de cuatro.

a) Piensa en algo importante que hiciste en alguno de los momentos citados en la actividad 6 y escríbelo.

El año pasado conocí a mi novio

b) Coméntalo con tus compañeros. ¿Hizo alguien algo interesante, divertido, sorprendente o extraño?

Escucha y repite lo que oigas sólo si es verdadero. Si es falso, no digas nada.

9 ¿Qué expresión te sugiere cada uno de estos dibujos? Escríbela.

alojarse en un hotel   hacer la maleta

hacer auto-stop   ir de excursión

ir de camping   coger el avión

alojarse en un hotel

10 **a)** Escribe en la columna correspondiente cuándo hiciste estas cosas por última vez.

	TÚ	TU COMPAÑERO
Ir de camping.		
Hacer la maleta.		
Coger el avión.		
Hacer auto-stop.		
Pasar un fin de semana en el campo.		
Alojarse en un hotel.		
Ir de excursión.		

b) Ahora pregúntale a tu compañero y escribe sus respuestas en la otra columna.

—¿Cuándo fuiste de camping por última vez?

— | *El verano pasado.*
En agosto.
Hace tres semanas.
...

c) Compara sus respuestas con las tuyas. Luego habla con otros compañeros y averigua cuál es la pareja de la clase que coincide en más cosas.

—*Pues (Diana) y yo (fuimos de camping el año pasado) y...*

11 ¿VERDADERO O FALSO? Escucha esta conversación y marca.

	V	F
Llegó a Toledo a las diez de la noche.		
Por la mañana estuvo en la Catedral.		
Por la noche fue a una discoteca.		
No bailó nada en la discoteca.		
Volvió a Madrid el domingo por la mañana.		

12 En parejas.

ALUMNO A	ALUMNO B
¡NO MIRES LA INFORMACIÓN DE B!	¡NO MIRES LA INFORMACIÓN DE A!

1. Usa las pautas para preguntarle al alumno B lo que no sabes sobre el viaje que hizo Maite y escribe las respuestas. Usa la información de los dibujos para responder a sus preguntas.

—¿Adónde fue?

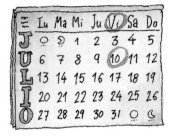

¿Cómo?

¿Con quién?

¿Actividades/domingo?   ¿Gustar/comida?

2. Comprueba si coincide lo que has escrito con los dibujos de tu compañero.

1. Responde a las preguntas del alumno A con la información de los dibujos. Usa las pautas para preguntarle lo que no sabes y escribe las respuestas.

—*A París.*

¿Y qué día fue?

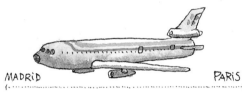

¿Alojamiento?

¿Actividades/sábado?   ¿Gustar/teatro?

2. Comprueba si coincide lo que has escrito con los dibujos de tu compañero.

13 Piensa en el mejor viaje de tu vida (o en uno de los mejores). Luego cuéntaselo a tus compañeros; puedes fijarte en la actividad anterior.

14 **a)** Imagina que estás pasando el fin de semana en un lugar que te gusta mucho. Escribe una postal a un compañero de clase, pero ¡no la firmes!

b) Dásela a tu profesor para que la exponga en la clase. Cada destinatario deberá adivinar quién le ha escrito.

COMUNICACIÓN GRAMÁTICA

Hablar del pasado

¿Qué hiciste el sábado?

Estuve en Salamanca.

¿Con quién fuiste?

Con Alicia.

¿Qué viste?

La Plaza Mayor, la Casa de las Conchas, la Catedral...

¿Te gustó?

Sí, mucho.

Pretérito indefinido

— Verbos regulares

(Ver resumen gramatical, apartado 7.3.1.)

— Verbos irregulares

   ir, ser

(Ver resumen gramatical, apartado 7.3.2.1.)

   estar, venir, hacer

(Ver resumen gramatical, apartado 7.3.2.2.)

Preposiciones

en
En mayo
En Navidades
En 1980
de
El 14 de abril de 1973

1 ¿Te acuerdas de alguno de los principales monumentos de Barcelona? ¿Sabes algo de la Sagrada Familia y del parque Güell?

La Casa Batlló

El parque Güell

La Sagrada Familia

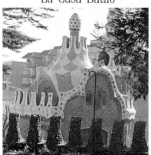
El parque Güell

La Sagrada Familia

La Casa Milà

a) Los dos son obra del mismo artista. Aquí tienes su biografía; léela.

Antonio Gaudí nació cerca de Reus (Tarragona) en el año 1852. A los quince años publicó algunos dibujos en una revista escolar. En 1873 empezó los estudios de arquitectura en Barcelona y los terminó en 1878. Aquel mismo año don Eusebio Güell —mecenas que más tarde le estimuló en su labor artística— descubrió algunos trabajos suyos en la Exposición Universal de París.

Era una persona muy religiosa, y en 1883 aceptó continuar las obras del templo de la Sagrada Familia, comenzadas dos años antes. En el año 1900 empezó el proyecto del parque Güell y en 1904, el de la Casa Milà. Posteriormente rechazó otros encargos profesionales para dedicarse enteramente a la construcción del citado templo. El día 7 de junio de 1926 fue atropellado por un tranvía y murió tres días más tarde sin haber terminado su obra más importante: la Sagrada Familia.

b) Ahora escribe cuatro preguntas sobre la vida de Gaudí y formúlaselas a tu compañero.

2 **a)** Lee el texto de nuevo y subraya las formas del pretérito indefinido.

b) Elige seis de esas formas y escribe tres frases verdaderas y tres falsas sobre lo que quieras.

Goya nació en Portugal. (FALSA)

c) Ahora pásaselas a tu compañero. ¿Sabe si son verdaderas o falsas?

3 Relaciona cada palabra o expresión con un dibujo. Puedes usar el diccionario o preguntar a tus compañeros o al profesor:

casarse   nacer   divorciarse   conocer   tener hijos   entrar en la universidad

morirse   jubilarse   empezar a trabajar   volver a casarse   licenciarse

A

B

C

1922 - Buenos Aires   1940 - Madrid   1943

D

E

F

1945   1946   1948

G

H

I

1951   1959   1965

J

K

A - nacer

1987   1991 - Madrid

4 Ahora usa la información de los dibujos para escribir la biografía de Ernesto Echevarría.

Ernesto Echevarría nació en Buenos Aires en 1922. En 1940 entró en la Universidad de Madrid, donde estudió Ciencias Económicas...

5 **a)** Escucha esta entrevista de un programa de radio y haz una lista de los años que oigas.

b) Escucha de nuevo y escribe qué hizo la persona entrevistada en cada uno de esos años.

ALUMNO A

¡NO MIRES EL TEXTO DE B!

1. Lee esta ficha con información sobre Pepe Ferrer.

¿año?

¿terminó los estudios?

¿con quién?

¿dónde?

¿qué drogas?

¿con otros cantantes?

¿qué papel hizo?

¿por qué países?

DATOS PERSONALES

NOMBRE: Pepe Ferrer.

NACIMIENTO: Valencia (   ).

ESTUDIOS: Bachillerato (Valencia, 1959-1965).   **Psicología (Madrid, 1965-1967).**

ESTADO CIVIL: **Casado** (Madrid, 1970).

MUERTE: **Accidente de tráfico** (1972).

OTROS DATOS DE INTERÉS

— Padre músico.

— Dos semanas en prisión por **consumo de drogas** (1971).

DATOS PROFESIONALES

1968: Primer concierto (Vigo).

1969: Primer disco («Aquí mismo»).

1970: **Actuación en el Festival de Ibiza.**

      Intervención en la película «Águilas Rosas», de Juan Aguado.

1971: Segundo disco («¿Qué más?»).

1972: **Gira europea.** Gran éxito.

2. Usa las pautas que hay a la izquierda de la ficha para pedir información a tu compañero sobre lo que está en negrita y escribe las respuestas. Luego responde a sus preguntas.

3. Comprueba lo que has escrito con el artículo de tu compañero.

1. Lee este artículo sobre Pepe Ferrer.

HISTORIA DEL ROCK ESPAÑOL

¿año?
¿qué estudios?

Pepe Ferrer es uno de los músicos más interesantes de la historia del Rock español. Nació en Valencia en el año 1948. Cuando **terminó el Bachillerato** se trasladó a Madrid. En 1965 entró en la Universidad, pero dos años más tarde abandonó los estudios.

¿dónde?

En 1968 dio su primer concierto y un año más tarde sacó su primer disco («Aquí mismo»). En 1970 **se casó** con la actriz Emma Muro y actuó en el Festival de Ibiza junto a Paco Riba, Jaime Tita, Frank Tappa y Félix Claxon. Posteriormente **intervino en la película «Águilas Rosas»**, donde hizo el papel de hermano de la protagonista.

¿director?

¿cuánto
tiempo?
¿qué tal
la gira?

En 1971 sacó su segundo disco («¿Qué más?») y **estuvo en prisión** por consumir marihuana en público. En 1972 **hizo una gira** por Italia, Francia, Holanda, Alemania y el Reino Unido. En noviembre de ese mismo año murió en un accidente de tráfico cerca de Barcelona.

2. Responde a las preguntas de tu compañero. Luego usa las pautas que están a la izquierda de tu artículo para pedir información a tu compañero sobre lo que está en negrita. Escribe las respuestas.

3. Comprueba lo que has escrito con la ficha de tu compañero.

7 **a)** Dos grupos (alumnos A y alumnos B).

1. Lee individualmente la biografía que te corresponda y pregunta a los miembros de tu grupo o al profesor qué significan las palabras que no conozcas.

Grupo A:

> *Nació en Londres en 1889. Hijo de actores de «music-hall», su padre murió totalmente alcoholizado en 1894. Ese mismo año actuó por primera vez en un teatro. Como su familia era muy pobre, su hermano y él tenían que actuar a menudo en la calle para ganar algo de dinero. Después, cuando su madre se volvió loca y fue internada en un manicomio, entraron los dos en un orfelinato.*
>
> *En 1910 empezó a trabajar en una compañía de niños bailarines. Más tarde entró en la compañía donde trabajaba su hermano, con la que fue a Estados Unidos. En 1913 trabajó por primera vez en el cine: tuvo que sustituir a un actor. A partir de ese momento colaboró con varias productoras americanas e intervino en muchas películas como actor y director. Hizo muchas veces el mismo papel. En la primera ceremonia de los Oscars (1928) ganó un premio especial por sus muchas y variadas cualidades. Cuarenta y cuatro años más tarde obtuvo otro Oscar. Se casó cuatro veces y murió en 1977 en un país europeo.*

Grupo B:

> *Nació en Málaga en 1881. A los catorce años se fue a vivir a Barcelona con su familia. En 1901 se trasladó a Madrid, donde fundó una revista. Se casó dos veces y tuvo varios hijos.*
>
> *Era una persona muy humana y muy interesada por los problemas sociales y políticos. La Guerra Civil española fue motivo de una obra suya muy importante. En 1966 ganó el premio Lenin de la Paz. Cuatro años más tarde cedió novecientas obras suyas a la ciudad de Barcelona.*
>
> *De una gran capacidad de trabajo, realizó muchas obras en diferentes campos artísticos: cerámica, pintura y escultura. En 1972 la Universidad de París le nombró Doctor Honoris Causa. Cuando cumplió noventa años, Francia —país en el que vivió desde 1904— le hizo un gran homenaje nacional. Murió en 1973 y es uno de los españoles más famosos de todos los tiempos.*

2. Decide con los miembros de tu grupo a qué famoso corresponde la biografía que has leído.

3. Contad entre todos la vida de esa persona sin mirar el texto.

b) En parejas (A - B). Ahora cuéntasela a tu compañero. ¿Sabe de qué famoso estás hablando?

8 Habla con tu compañero del mejor año de tu vida. Dile cuál fue, por qué y qué otras cosas hiciste ese año.

9 Ahora vosotros. En grupos de cuatro.

Alumno A: Eres Mary Morales, famosa actriz norteamericana de origen mexicano que acaba de llegar a Madrid para presentar su última película.

Alumno B: Eres el marido de Mary Morales y acompañas a tu mujer en su viaje a Madrid.

Alumnos C y D: Sois periodistas y vais a entrevistar a Mary Morales, famosa actriz norteamericana, y a su marido en la sala de prensa del aeropuerto de Barajas.

a) Alumnos A y B: Reconstruid la vida de Mary Morales a partir de los datos biográficos. Pensad también en sus proyectos.

Alumnos C y D: Leed estos datos biográficos y escribid las preguntas que vais a hacer en la rueda de prensa. No os olvidéis de preguntarles por sus proyectos.

DATOS PERSONALES

NOMBRE: Mary Morales.
FAMÍLIA: Padre mexicano y madre norteamericana.
Dos hermanos.
Casada dos veces. Un hijo.
ESTUDIOS: Arte. Universidad de Berkeley.

DATOS PROFESIONALES

Doce películas.
Trabajó con prestigiosos directores.
Oscar a la mejor actriz por su interpretación en «Raising Angels».
Colaboración en dos obras de teatro.
Vídeo-clip «Let's save the environment».

---

b) Haced la entrevista. Podéis grabarla.

1 Escucha esta canción y decide con tu compañero a cuál de estas cuatro personas se refiere.

2 En parejas. Buscad sinónimos de:

deseo,   *desapareció,*   *destino,*   *anda sin dirección determinada,*
pidiendo,   *ilusión.*

3 Escucha la canción de nuevo. (Pídele la letra a tu profesor).

4 ¿Sigues pensando que se refiere a la misma persona? Coméntalo con tus compañeros.

5 Escribe sobre la vida del personaje de la canción y dale la redacción al profesor. Puedes usar el diccionario.

6 En grupos de tres. De las redacciones que os entregue el profesor, elegid la que cuente una vida más interesante. Luego corregid los posibles errores y dádsela al profesor para que la ponga en una pared de la clase.

COMUNICACIÓN GRAMÁTICA

Contar la vida de una persona

Helena Lozano nació en Córdoba en el año 1903.

Entre 1920 y 1925 estudió Filosofía en Barcelona.

En 1931 publicó su primer libro y dos años más tarde tuvo un hijo.

...

Murió en Madrid en 1989.

Pretérito indefinido

— Verbos regulares.

(Ver resumen gramatical, apartado 7.3.1.)

— Verbos irregulares

   tener

(Ver resumen gramatical, apartado 7.3.2.2.)

   morir

(Ver resumen gramatical, apartado 7.3.2.3.)

1 **a)** Lee estas palabras y pregunta al profesor lo que significan las que no entiendas.

compras   *dinero*   *turismo*   *limpias*   *descubierta*

b) Lee este anuncio y complétalo con las palabras del apartado anterior.

c) ¿Qué aspectos positivos ofrece Turquía a los turistas? Coméntalo con la clase.

d) Y tú, ¿qué sabes de ese país? ¿Has estado allí alguna vez? ¿Conoces a alguien que haya estado allí? Díselo a tus compañeros.

e) Imagina que estás de vacaciones en Turquía. Escribe una postal a un/a amigo/a y háblale de:

- el lugar donde estás
- el clima
- lo que hiciste ayer y lo que has hecho hoy
- tus planes para los próximos días.

2 En grupos de tres.

a) El mes que viene os vais a ir de vacaciones durante una semana a alguna parte de España, pero aún no sabéis a dónde. Discutidlo y decidid a dónde vais a ir.

b) Haced una lista de toda la información que necesitáis para hacer el viaje:

- medios de transporte, horarios y precios
- clima
- posibilidades de alojamiento y precios
- qué podéis visitar y hacer allí, etc.

c) Decidid qué información va a buscar cada uno de vosotros, dónde y cómo (en agencias de viaje, aeropuertos, por teléfono...).

d) Buscad esa información donde y como habéis decidido en el apartado anterior.

e) Comentad al resto del grupo la información obtenida y poneos de acuerdo en cómo vais a hacer el viaje y dónde os vais a alojar. ¡No olvidéis hacer una lista de la ropa y las cosas que tenéis que llevar!

f) Hablad a los demás compañeros de vuestro viaje y vuestros planes para esa semana, pero no mencionéis el nombre del lugar al que vais a ir. Ellos tienen que adivinarlo.

3 **a)** Escucha este concurso de radio y escribe las cuatro preguntas que hay que acertar.

b) Escucha de nuevo y escribe las respuestas de la concursante.

4 **a)** En parejas. Escribid una biografía de vuestro profesor con la información que tengáis sobre él y lo que creáis que puede ser verdad.

b) Dádsela al profesor para que os diga qué cosas de las que habéis escrito son verdaderas y cuáles son falsas. Aprovechad para preguntarle todo lo que queráis saber sobre su vida.

c) Reconstruid entre todos su biografía.

BLA, BLA, BLA...

5 En grupos de cuatro. Juega con un dado y una ficha de color diferente a la de tus compañeros.

1. Por turnos. Tira el dado y avanza el número de casillas que indique.

2. Habla del tema de la casilla en la que caigas. Puedes decir todo lo que quieras.

3. Si no dices nada, retrocede a la casilla donde estabas antes de tirar.

4. ¡Atención a las casillas verdes y rojas!

SALIDA

14 TIRA DOS VECES.

15 DOS COSAS QUE TODAVÍA NO HAS HECHO HOY.

16 UN LUGAR IDEAL PARA PASAR LAS VACACIONES.

13 TU COMIDA PREFERIDA.

17 EXPLICA UNA PALABRA DIFÍCIL A TUS COMPAÑEROS.

12 TUS PLANES PARA EL PRÓXIMO FIN DE SEMANA.

18 UN REGALO QUE TE GUSTÓ MUCHO.

1 UNA PROFESIÓN QUE NO TE GUSTA.

11 LO QUE PIENSAS DEL DINERO.

19 ¿QUÉ ACABAS DE HACER?

2 CUATRO COSAS QUE HAS HECHO HOY.

10 UN JUEGO QUE TE GUSTA.

20 ALGO QUE NO SE PUEDE HACER EN CLASE.

3 UNA PALABRA EN ESPAÑOL QUE TE GUSTA MUCHO.

9 CINCO COSAS QUE HICISTE ANTEAYER.

21 DOS TURNOS SIN JUGAR.

4 TIRA OTRA VEZ.

8 PIDE UNA COSA A UN COMPAÑERO

22 CINCO PALABRAS QUE EMPIEZAN POR "C".

5 ALGO QUE HICISTE EL AÑO PASADO.

6 UNA DE LAS ÚLTIMAS PALABRAS QUE HAS APRENDIDO.

7 UN TURNO SIN JUGAR.

23 UN CONCIERTO QUE TE GUSTÓ MUCHO.

24 EL CLIM DEL LUG

E UN OR A UN PAÑERO	33 LA ROPA QUE TE GUSTA.	34 UNA PALABRA DIFÍCIL DE RECORDAR.
CIUDAD DE NOTE TARÍA R.		35 DOS TURNOS SIN JUGAR.
PALABRAS TERMINAN "N".		36. ¿QUÉ PRE- FIERES: EL CAMPO O LA CIUDAD?
O QUE QUE HACER CLASE.		37 ALGO QUE TIENES QUE HACER Y NO TE GUSTA.
IRA RA EZ.		38 TUS MEJORES VACACIONES.
FECHA RTANTE A TI.		39 UN FAMOSO DE TU PAÍS.
ÚLTIMO DE MANA.		40 TU OPINIÓN SOBRE LA LENGUA ESPAÑOLA.
OS ES DEL		41 DELETREA UNA PALABRA MUY LARGA.

50 UN LIBRO QUE TE GUSTÓ MUCHO.	51 TU OPINIÓN SOBRE ESTE JUEGO.	52 UNA PALABRA EN ESPAÑOL QUE NO TE GUSTA NADA.
49 UN TURNO SIN JUGAR.		53. ¿CREES QUE HAS APRENDIDO MUCHO ESPAÑOL EN ESTE CURSO?
48 UNA PALABRA DIFÍCIL DE PRONUNCIAR.		54 EL PROFE- SOR IDEAL.
47. PIDE UNA COSA PRES- TADA A UN COMPAÑERO.		55 TU ÚLTIMO VIAJE.
46 SEIS COSAS QUE PUEDES COMPRAR EN UN SU- PERMERCADO.		LLEGADA
45 EL MEJOR DÍA DE TU VIDA.		
44 TUS PLANES PARA EL PRÓXIMO VERANO.		
43 UNA PELÍ- CULA QUE TE GUSTÓ MUCHO.	42 TIRA DOS VECES.	

RESUMEN
GRAMATICAL

1 **EL ALFABETO**

LETRA	NOMBRE DE LA LETRA	SE PRONUNCIA	EJEMPLO
A, a	a	/a/	La Habana
B, b	be	/b/	Barcelona
C, c	ce	/θ/, /k/	cine, Carmen
Ch, ch	che	/ĉ/	Chile
D, d	de	/d/	adiós
E, e	e	/e/	España
F, f	efe	/f/	teléfono
G, g	ge	/g/, /x/	Málaga, Ángel
H, h	hache	—	hotel
I, i	i	/i/	Italia
J, j	jota	/x/	Japón
K, k	ka	/k/	kilómetro
L, l	ele	/l/	Lima
Ll, ll	elle	/ḷ/	Sevilla
M, m	eme	/m/	Madrid
N, n	ene	/n/	no
Ñ, ñ	eñe	/ɲ/	España
O, o	o	/o/	Toledo
P, p	pe	/p/	Perú
Q, q	cu	/k/	Quito
R, r	erre	/r̄/, /r/	guitarra, aeropuerto
S, s	ese	/s/	sí
T, t	te	/t/	teatro
U, u	u	/u/	Uruguay
V, v	uve	/b/	Venezuela
W, w	uve doble	/w/, /b/	whisky, water
X, x	equis	/ks/, /s/	taxi, extranjero
Y, y	i griega	/y/, /i/	yo, Paraguay
Z, z	zeta	/θ/	plaza

Observaciones

— La letra **h** no se pronuncia en español (*hola, hospital*).
— Las letras **b** y **v** se pronuncian igual: /b/ *(Buenos Aires, Valencia)*.
— El sonido /r̄/ se escribe con:

- **rr** entre vocales *(perro)*.
- **r** al principio de palabra *(Roma)* o detrás de **l, n** y **s** *(alrededor, Enrique, Israel)*.

En los demás casos la **r** se pronuncia /r/, por ejemplo, *pero*.
— La letra **x** se pronuncia /s/ delante de consonante *(exterior)*.
— Las letras **c, z** y **q**:

Se escribe	Se pronuncia
za	/θa/
ce	/θe/
ci	/θi/
zo	/θo/
zu	/θu/

Se escribe	Se pronuncia
ca	/ka/
que	/ke/
qui	/ki/
co	/ko/
cu	/ku/

— Las letras **g** y **j**:

Se escribe	Se pronuncia
ga	/ga/
gue	/ge/
gui	/gi/
go	/go/
gu	/gu/
güe	/gue/
güi	/gui/

Se escribe	Se pronuncia
ja	/xa/
je, ge	/xe/
ji, gi	/xi/
jo	/xo/
ju	/xu/

2 EL SUSTANTIVO

2.1. GÉNERO DEL SUSTANTIVO

masculino	femenino	masculino o femenino
- o	- a	- e - consonante
(el teléfono)	(la tienda)	(la clase) (el restaurante) (el hospital) (la canción)

Observaciones:

— El sexo determina el género del sustantivo en los casos de personas y animales.

> **El hijo - la hija**
> **El gato - la gata**

Algunos de estos sustantivos tienen una forma diferente para cada sexo.

> **El hombre - la mujer**
> **El padre - la madre**

— Muchos sustantivos terminados en **-ante** o **-ista** son masculinos y femeninos.

> **El estudiante - la estudiante**
> **El artista - la artista**

— Los sustantivos terminados en **-ción** o **-sión** son femeninos.

> **La canción**
> **La ilusión**

— Muchos sustantivos terminados en **-ma** son masculinos.

> **El problema**
> **El programa**

— Algunos sustantivos terminados en **-o** son femeninos.

> **La radio**
> **La mano**

2.2. NÚMERO DEL SUSTANTIVO

singular terminado en	para formar el plural se añade
a, e, i, o, u	s
á, é, ó	
consonante	es
í, ú	

(médico)   (médicos)
(café)   (cafés)
(hospital)   (hospitales)

Observaciones:

— Los sustantivos terminados en **-z** hacen el plural cambiando la **z** por **c** y añadiendo **-es**.

> Actriz - Actrices

— Algunos sustantivos terminados en **-s** no cambian en plural.

> **El lunes - los lunes**

— Algunos sustantivos terminados en **-í** o en **-ú** forman el plural añadiendo **-s**.

> **El esquí - los esquís**
> **El menú - los menús**

3 EL ADJETIVO CALIFICATIVO

3.1. GÉNERO DEL ADJETIVO CALIFICATIVO

masculino	femenino	masculino o femenino
- o	- a	- e - consonante
(sueco)	(sueca)	(verde) (azul)

Observaciones:

— El adjetivo calificativo concuerda con el sustantivo en género y número.

   Mi profesor es colombiano.
   Mi profesora es colombiana.

— Los adjetivos de nacionalidad terminados en **-consonante** hacen el femenino añadiendo **-a**.

   Francés - francesa
   Andaluz - andaluza

— Los adjetivos de nacionalidad que terminan en **-a** o en **-í** son invariables.

   Belga
   Iraní

3.2. NÚMERO DEL ADJETIVO CALIFICATIVO

El plural de los adjetivos calificativos se forma de la misma manera que el de los sustantivos (ver cuadro 2.2).

   Alto - altos
   Delgada - delgadas
   Verde - verdes
   Gris - grises
   Japonés - japoneses
   Marroquí - marroquíes

4 ARTÍCULOS

El artículo concuerda con el sustantivo en género y número.

   El camarero - los camareros
   Una carta - unas cartas

En el caso de los sustantivos invariables, el artículo marca el género y el número.

   Un cantante - una cantante
   El martes - los martes

4.1. ARTÍCULOS DETERMINADOS

	masculino	femenino
singular	el	la
plural	los	las

Se usa el artículo determinado cuando los hablantes conocen la identidad de la persona o cosa mencionada.

— Le presento a Mónica, **la** nueva secretaria.
— Vivo en **la** calle Embajadores, número diez.

Observaciones:

— A + el → **al**.

— ¿Vamos **al** cine esta noche?

— De + el → **del**.

— Mira, ésa es la mujer **del** director.

4.2. ARTÍCULOS INDETERMINADOS

	masculino	femenino
singular	un	una
plural	unos	unas

Se usa el artículo indeterminado cuando un hablante introduce o especifica una nueva persona o cosa.

— Yo trabajo en **un** restaurante.

5 POSESIVOS

Los posesivos concuerdan con el sustantivo en género y número.

— **Tus hermanos** no viven aquí, ¿verdad?
— Es una amiga **mía**.

5.1. FORMAS ÁTONAS

masculino		femenino	
singular	plural	singular	plural
mi	mis	mi	mis
tu	tus	tu	tus
su	sus	su	sus
nuestro	nuestros	nuestra	nuestras
vuestro	vuestros	vuestra	vuestras
su	sus	su	sus

Observaciones:

— Van delante del sustantivo.

— ¿A qué se dedica **tu** padre?

5.2. FORMAS TÓNICAS

masculino		femenino	
singular	plural	singular	plural
mío	míos	mía	mías
tuyo	tuyos	tuya	tuyas
suyo	suyos	suya	suyas
nuestro	nuestros	nuestra	nuestras
vuestro	vuestros	vuestra	vuestras
suyo	suyos	suya	suyas

Observaciones:

— Pueden ir:

- Detrás del sustantivo.

    — Un **amigo mío**.

- Detrás del verbo.

    — Ese libro **es tuyo**, ¿no?

- Detrás del artículo y otros determinantes del sustantivo.

    — Mi novia es muy inteligente.
    — *La mía también.*

6 DEMOSTRATIVOS

6.1. ADJETIVOS DEMOSTRATIVOS

masculino		femenino	
singular	plural	singular	plural
este	estos	esta	estas
ese	esos	esa	esas
aquel	aquellos	aquella	aquellas

Observaciones:

— Los adjetivos demostrativos van delante del sustantivo.

    — ¿Puedo ver **ese bolígrafo**?

— Concuerdan con el sustantivo en género y número.

    — ¿Cuánto cuesta este diccionario?

6.2. PRONOMBRES DEMOSTRATIVOS

masculino		femenino	
singular	plural	singular	plural
éste	éstos	ésta	éstas
ése	ésos	ésa	ésas
aquél	aquéllos	aquélla	aquéllas

Observaciones:

— Los pronombres demostrativos tienen el género y el número del sustantivo al que se refieren.

    — **Ésta** es mi profesora de español.

— Las formas **esto**, **eso** y **aquello** no indican género y sólo funcionan como pronombres.

    — ¿Cómo se dice **esto** en español?

7 VERBOS

En español hay tres grupos de verbos. El infinitivo puede terminar en **-ar**, **-er** o **-ir**.

7.1. PRESENTE DE INDICATIVO

7.1.1. VERBOS REGULARES

	hablar	comer	vivir
(Yo)	hablo	como	vivo
(Tú)	hablas	comes	vives
(Él/ella/usted*)	habla	come	vive
(Nosotros/nosotras)	hablamos	comemos	vivimos
(Vosotros/vosotras)	habláis	coméis	vivís
(Ellos/ellas/ustedes*)	hablan	comen	viven

* **Usted** y **ustedes** designan a segundas personas, pero se usan con las mismas formas verbales que **él/ella** y **ellos/ellas** (terceras personas).

7.1.2. VERBOS IRREGULARES

7.1.2.1. *Ser, estar* e *ir*:

	ser	estar	ir
(Yo)	soy	estoy	voy
(Tú)	eres	estás	vas
(Él/ella/usted)	es	está	va
(Nosotros/nosotras)	somos	estamos	vamos
(Vosotros/vosotras)	sois	estáis	vais
(Ellos/ellas/ustedes)	son	están	van

7.1.2.2. Irregularidades que afectan a las tres personas del singular y a la tercera del plural:

e → ie	o → ue	e → i	u → uy (verbos en -uir)	verbo *jugar* (u → ue)
querer	poder	pedir	incluir	jugar
quiero	puedo	pido	incluyo	juego
quieres	puedes	pides	incluyes	juegas
quiere	puede	pide	incluye	juega
queremos	podemos	pedimos	incluimos	jugamos
queréis	podéis	pedís	incluís	jugáis
quieren	pueden	piden	incluyen	juegan

7.1.2.3. c → zc en la primera persona del singular (verbos en -ecer, -ocer y -ucir)

conocer	conozco
conducir	conduzco
traducir	traduzco

7.1.2.4. Verbos con la primera persona del singular irregular:

hacer	hago	saber	sé
salir	salgo	ver	veo
poner	pongo	dar	doy
traer	traigo		

7.1.2.5. Verbos con doble irregularidad:

tener	venir	decir	oír
tengo	vengo	digo	oigo
tienes	vienes	dices	oyes
tiene	viene	dice	oye
tenemos	venimos	decimos	oímos
tenéis	venís	decís	oís
tienen	vienen	dicen	oyen

USOS:

Para expresar lo que hacemos habitualmente.

— Todos los días **me levanto** a las ocho.

Para dar información sobre el presente.

— **Está** casada y **tiene** dos hijos.

Para ofrecer y pedir cosas.

— ¿**Quieres** más ensalada?

— ¿Me **das** una hoja, por favor?

Para hacer sugerencias.

— ¿Por qué no **vas** al médico?

Para hacer invitaciones.

— ¿**Quieres** venir a la playa con nosotros?

Para hablar del futuro.

— Mañana **actúa** Prince en Barcelona.

7.2. PRETÉRITO PERFECTO

Se forma con el presente de indicativo del verbo **haber** y el participio pasado del verbo que se conjuga.

he
has
ha
hemos   +   participio pasado
habéis
han

Formación del participio pasado:

infinitivo	participio pasado	
- AR	- ADO	(hablar - hablado)
- ER	- IDO	(comer - comido)
- IR		(venir - venido)

Algunos participios pasados irregulares de uso frecuente:

ver	visto	abrir	abierto
escribir	escrito	descubrir	descubierto
volver	vuelto	romper	roto
poner	puesto	hacer	hecho
morir	muerto	decir	dicho

Observaciones:

— La forma del participio pasado es invariable.

— Esta mañana he estado con Luisa.
— Esta mañana hemos estado con Rosa y con Carlos.

— El participio pasado va siempre inmediatamente detrás del verbo **haber**.

— Hoy me **he levantado** muy pronto.
— Aún no **he cenado**.

USOS:

Para hablar de acciones o sucesos pasados situados en una unidad de tiempo en la que se encuentra el hablante, o que éste siente próximos al presente.

Lo usamos con referencias temporales tales como **hoy**, **esta mañana**, **esta semana**, **este mes**, **hace un rato**, etc.

— Hoy **he comido** con Ramón.
— Este verano **ha hecho** mucho calor.

Para hablar de experiencias o actividades pasadas sin especificar el momento de su realización.

— Miguel **ha estado** muchas veces en París.

Para referirnos a acciones o sucesos pasados que tienen consecuencias en el presente.

— Perdona por llegar tarde, pero es que **he tardado** mucho en encontrar este sitio.

7.3. PRETÉRITO INDEFINIDO

7.3.1. VERBOS REGULARES

hablar	comer	salir
hablé	comí	salí
hablaste	comiste	saliste
habló	comió	salió
hablamos	comimos	salimos
hablasteis	comisteis	salisteis
hablaron	comieron	salieron

7.3.2. VERBOS IRREGULARES

7.3.2.1. Los verbos *ser* e *ir* tienen las mismas formas:

fui
fuiste
fue
fuimos
fuisteis
fueron

7.3.2.2. Verbos de uso frecuente con raíz y terminaciones irregulares:

INFINITIVO	RAÍZ	TERMINACIONES
tener	**tuv-**	
estar	**estuv-**	
poder	**pud-**	e
poner	**pus-**	iste
saber	**sup-**	o
andar	**anduv-**	imos
hacer	**hic-/hiz-**	isteis
querer	**quis-**	ieron
venir	**vin-**	

INFINITIVO	RAÍZ	TERMINACIONES
		e
decir	**dij-**	iste
		o
traer	**traj-**	imos
		isteis
		eron

7.3.2.3. o → u en las terceras personas.

dormir	morir
dormí	
dormiste	
durmió	murió
dormimos	
dormisteis	
durmieron	murieron

7.3.2.4. e → i en las terceras personas de los verbos en e ... ir (excepto *decir)*.

pedir
pedí
pediste
pidió
pedimos
pedisteis
pidieron

7.3.2.5. «y» en las terceras personas de la mayoría de los verbos terminados en vocal + er/ir.

leer	oír
leí	oí
leíste	oíste
leyó	oyó
leímos	oímos
leísteis	oísteis
leyeron	oyeron

7.3.2.6. Verbo *dar*:

di
diste
dio
dimos
disteis
dieron

USOS:

Para hablar de acciones o sucesos pasados situados en una unidad de tiempo independiente del presente.

Lo utilizamos con referencias temporales tales como **ayer**, **el otro día**, **la semana pasada**, **el mes pasado**, **el año pasado**, **hace unos meses**, etc.

— Ayer **comí** con Cristina.
— El año pasado **estuve** de vacaciones en Irlanda.

7.4. IMPERATIVO AFIRMATIVO

- AR	- ER	- IR	
entra	lee	abre	(tú)
entre	lea	abra	(usted)
entrad	leed	abrid	(vosotros)
entren	lean	abran	(ustedes)

Observaciones:

— **Tú**: el imperativo afirmativo es igual a la tercera persona singular del presente de indicativo.

> — **Toma**.

> — **Sigue** todo recto...

> — ¿Puedo cerrar la ventana?
> — *Sí. **Cierra, cierra**.*

Excepciones:

hacer	**haz**	salir	**sal**
poner	**pon**	decir	**di**
venir	**ven**	ir	**ve**
tener	**ten**	ser	**sé**

— Los verbos irregulares en la primera persona singular del presente de indicativo tienen la misma irregularidad en el imperativo afirmativo de las personas **usted** y **ustedes**.

Cierro	cierre, cierren.
Pido	pida, pidan.
Hago	haga, hagan.

Excepciones:

Ir	**vaya, vayan**.
Ser	**sea, sean**.
Estar	**esté, estén**.
Dar	**dé, den**.

— **Vosotros**: el imperativo afirmativo se construye sustituyendo la **r** final del infinitivo por una **d**.

Estudiar	estudiad
Venir	venid
Salir	salid

Pero en los verbos reflexivos esa forma (**sentad**, por ejemplo) pierde la **d**. A veces se usa el infinitivo.

> — ¿Podemos sentarnos?
> — *Sí, sí. **Sentaos / sentaros**.*

— Los pronombres van detrás del imperativo afirmativo, formando con éste una sola palabra.

> — ¿Puedo abrir la puerta? Es que tengo mucho calor.
> — *Sí, sí. **Ábrela**.*

USOS:

Para dar instrucciones.

> — Oiga, perdone, ¿el restaurante Villa está cerca de aquí?
> — *Sí, muy cerca. **Siga** todo recto y **gire** la primera a la derecha...*

Para ofrecer cosas.

> — **Coge, coge** otro pastel, que están muy buenos.

Para conceder permiso.

> — ¿Puedo bajar un poco el volumen de la tele?
> — *Sí, sí. **Bájalo**.*

7.5. GERUNDIO

VERBOS REGULARES

-AR	-ER	-IR
-ando	-iendo	-iendo

(trabajando)   (comiendo)   (escribiendo)

VERBOS IRREGULARES

— Verbos en e ... **ir**: cambio vocálico e → i.

Decir .... diciendo.

— En la mayoría de los verbos terminados en **vocal** + **er/ir** → y.

Leer .... leyendo
Oír .... oyendo

Pero

Reír .... riendo.

— o → u

Dormir .... durmiendo
Morir .... muriendo.

8 PRONOMBRES PERSONALES

8.1. SUJETO

	1.ª persona	2.ª persona	3.ª persona
singular	yo	tú	él
		usted	ella
plural	nosotros nosotras	vosotros vosotras	ellos ellas
		ustedes	

8.2. OBJETO DIRECTO

	1.ª persona	2.ª persona	3.ª persona
singular	me	te	lo/le
		lo/le/la	la
plural	nos	os	los/les
		los/les/las	las

8.3. OBJETO INDIRECTO

	1.ª persona	2.ª persona	3.ª persona
singular	me	te	le
		le	
plural	nos	os	les
		les	

8.4. REFLEXIVOS

	1.ª persona	2.ª persona	3.ª persona
singular	me	te	se
		se	
plural	nos	os	se
		se	

8.5. PREPOSICIÓN + PRONOMBRE PERSONAL

	1.ª persona	2.ª persona	3.ª persona
singular	mí	ti	él
		usted	ella
plural	nosotros	vosotros vosotras	ellos
	nosotras	ustedes	ellas

Observaciones:

— Normalmente no usamos el pronombre personal sujeto porque las terminaciones del verbo indican qué persona realiza la acción.

    — ¿Cómo te llamas? **(tú)**

Lo utilizamos para dar énfasis al sujeto o para marcar una oposición.

    — **Yo** trabajo en un banco.
    — *Pues yo soy estudiante.*

— **Yo** y **tú** no pueden combinarse con preposiciones; en ese caso, se sustituyen por las formas correspondientes: **mí** y **ti**.

    — ¿Esto es para **mí**?
    — *Sí, sí. Para **ti**.*

Cuando van precedidas de la preposición **con** usamos unas formas diferentes: **conmigo** y **contigo**.

    — ¿Quieres venir al cine **conmigo**?

— Los pronombres personales de objeto directo, indirecto y reflexivos van delante del verbo conjugado.

    — ¿Cómo **la** quiere, ancha o estrecha?
    — ¿**Te** gusta?
    — ¿**Os** acostáis muy tarde?

Pero cuando los combinamos con el imperativo afirmativo van siempre detrás, formando una sola palabra con el verbo.

    — ¿**Me** puedo sentar?
    — *Sí, sí. Siéntese.*

Con infinitivo y gerundio pueden ir detrás de estas formas verbales, formando una sola palabra, o delante del verbo conjugado.

    — Voy a duchar**me** = **me** voy a duchar.
    — Está duchándo**se** = **se** está duchando.

9   INTERROGATIVOS

9.1. ¿QUIÉN?, ¿QUIÉNES?

¿Quién/quiénes + verbo?

Para preguntar por la identidad de personas en general.

    — ¿**Quién** es?
    — *Laura, mi profesora de español.*

    — ¿**Quiénes** son esos niños?
    — *Mis primos de Valencia.*

9.2. ¿QUÉ?

9.2.1. ¿Qué + verbo?

9.2.1.1. Para preguntar por la identidad de cosas en general.

    — ¿**Qué** es eso?

9.2.1.2. Para preguntar por acciones.

    — ¿**Qué** vas a hacer esta noche?
    — *Voy a ir al teatro con Ernesto.*

9.2.2. ¿Qué + sustantivo + verbo?

Para preguntar por la identidad de personas o cosas de una misma clase.

— ¿**Qué** lenguas hablas?
— *Inglés e italiano.*

— ¿**Qué** actores españoles te gustan?
— *Luis Ciges y Paco Rabal.*

9.3. ¿CUÁL?, ¿CUÁLES?

¿Cuál / cuáles + verbo?

Para preguntar por la identidad de personas o cosas de una misma clase.

— ¿**Cuál** es la moneda de tu país?
— *El franco belga.*

— ¿**Cuál** te gusta más? (de esos dos cantantes).
— *Fernando Usuriaga.*

9.4. ¿DÓNDE?

¿Dónde + verbo?

Para preguntar por la localización en el espacio.

— ¿**Dónde** vives?
— *En Málaga.*

9.5. ¿CUÁNDO?

¿Cuándo + verbo?

Para preguntar por la localización en el tiempo.

— ¿**Cuándo** te vas de vacaciones?
— *El sábado.*

9.6. ¿CUÁNTO?, ¿CUÁNTA?, ¿CUÁNTOS?, ¿CUÁNTAS?

Para preguntar por la cantidad.

9.6.1. ¿Cuánto + verbo?

— ¿**Cuánto** cuesta esta agenda?
— *Mil doscientas pesetas.*

9.6.2. ¿Cuánto / cuánta / cuántos / cuántas (+ sustantivo) + verbo?

— ¿**Cuántas** hermanas tienes?
— *Dos.*

9.7. ¿CÓMO?

¿Cómo + verbo?

9.7.1. Para preguntar por las características de personas o cosas.

— ¿**Cómo** es tu profesor?
— *Alto, rubio, bastante gordo... y muy simpático.*

9.7.2. Para preguntar por el modo.
— ¿**Cómo** vienes a clase?
— *En bicicleta.*

9.8. ¿POR QUÉ?

¿**Por qué** + verbo?

Para preguntar por la causa o la finalidad.

— ¿**Por qué** estudias español?

Observaciones:

— Los interrogativos pueden ir precedidos de determinadas preposiciones.
— ¿**De** dónde es?
— ¿**A** qué te dedicas?
— ¿**Con** quién vives?
— ¿**Por qué**? - porque
— ¿**Por qué** estudias ruso? (PREGUNTA).
— *Porque quiero ir de vacaciones a Moscú* (RESPUESTA).

10 HAY - ESTÁ(N)

10.1. HAY

Es una forma impersonal del presente de indicativo del verbo **haber**.

Utilizamos **hay** cuando expresamos la existencia de cosas o personas.

Hay + un(os) / una(s) / dos / tres / ... + sustantivo.
Hay + uno / una / dos / tres / ...
Hay + sustantivo.

— Perdone, ¿sabe si **hay un** estanco por aquí cerca?
— *Sí, **hay uno** en esa plaza, al lado de la parada de autobús.*

— En Madrid no **hay** playa.

216
(doscientos dieciséis)

10.2. ESTÁ, ESTÁN

Usamos **está** o **están** cuando localizamos a personas o cosas que sabemos o suponemos que existen.

— ¿Y David?
— *Está* *en la biblioteca.*

— Perdona, ¿el Teatro Griego **está** por aquí?
— *Sí,* **está** *al final de esta misma calle, a la derecha.*

Observa estas frases:

— ¿Dónde **está** el Banco Mediterráneo?
— ¿Sabe si **hay un banco** por aquí?
— En esta ciudad **hay un museo** muy interesante.
— **El Museo Arqueológico está** en la Plaza Mayor.

11 SER - ESTAR

11.1. SER

Identidad.
— **Eres la hermana de Gloria**, ¿verdad?

Origen, nacionalidad.
— Luciano Pavarotti **es italiano.**

Profesión.
— **Soy ingeniero.**

Descripción de personas, objetos y lugares.
— **Es alta, morena** y lleva gafas.
— Tu coche **es negro**, ¿no?
— **Es** una ciudad **pequeña y muy tranquila.**

Descripción o valoración del carácter de una persona.
— Mi hermano pequeño **es muy gracioso.**

La hora.
— ¡Ya **son las dos!**

Materia.
— Esa camisa **es de algodón**, ¿verdad?

Localización en el tiempo.
— Mi cumpleaños **es el siete de mayo.**

Posesión.
— ¿**Es tuyo** este periódico?
— *No,* **es de Ricardo.**

Valoración de objetos, actividades y períodos de tiempo.
— Este diccionario **es muy bueno.**
— El viaje **fue muy agradable.**
— Hoy **ha sido** un día **horrible.**

11.2. ESTAR

Localización en el espacio.
— El quiosco **está enfrente del bar.**

Estados físicos o anímicos de personas.
— ¿**Estás cansada?**
— *Sí,* **estoy cansadísima.**
— **Estás muy contento**, ¿no?

Circunstancias o estados de objetos y lugares.
— ¿Funciona esa radio?
— *No,* **está rota.**
— ¿Ya **está abierta** la farmacia?

Valoración de alimentos consumidos.
— ¡Qué bueno **está** este filete!

Descripción de situaciones (**estar** + gerundio).
— ¿Qué hace la niña?
— *Está jugando* *en el patio.*

12 GUSTAR

Para expresar gustos personales.

(A mí)	Me			
(A ti)	Te	gusta	(mucho)	bailar
(A usted/él/ella)	Le		(bastante)	el teatro
(A nosotros/nosotras)	Nos			
(A vosotros/vosotras)	Os	gustan	(mucho)	los niños
(A ustedes/ellos/ellas)	Les		(bastante)	

— **A ti te gusta** mucho esquiar, ¿verdad?
— **Me gusta** mucho tu chaqueta.
— **A mí** no me **gustan** las motos.

Observaciones:

— El verbo **encantar** sirve también para expresar gustos personales, pero no puede utilizarse con adverbios.

— **Me encanta** ~~mucho~~ la música clásica.
— **Me encantan** estos zapatos.

13 TAMBIÉN, TAMPOCO, SÍ, NO

También, tampoco: para expresar coincidencia o acuerdo con lo que ha dicho otra persona.
También responde a frases afirmativas; **tampoco**, a frases negativas.

— Yo vivo con mis padres.
— *Yo también.*

— Me gusta mucho este disco.
— *A mí también.*

— No tengo coche.
— *Yo tampoco.*

— No me gustan las discotecas.
— *A mí tampoco.*

Sí, no: para expresar no coincidencia o desacuerdo con lo que ha dicho otra persona.
Sí responde a frases negativas; **no**, a frases afirmativas.

— No tengo coche.
— *Yo sí.*

— No me gustan las discotecas.
— *A mí sí.*

— Yo vivo con mis padres.
— *Yo no.*

— Me gusta mucho este disco.
— *A mí no.*

Observaciones:

— En las respuestas de este tipo de diálogos usamos siempre pronombres personales (**yo, tú, él,** etc.); a veces van precedidos de preposición (**a mí, a ti, a él,** etc.).

— Estudio Sociología.
— *Yo también.*

— No me gusta nada este libro.
— *A mí tampoco.*

14 EXPRESIÓN DE LA FRECUENCIA

14.1. Para expresar frecuencia podemos utilizar:

```
+   siempre
    casi siempre
    normalmente / generalmente
    a menudo
    a veces
    casi nunca (no ... casi nunca)
−   nunca (no ... nunca)
```

— ¿Cómo vienes a clase?
— *En autobús.*
— Pues yo | vengo **siempre** en metro. |
         | **siempre** vengo en metro. |
         | vengo en metro **siempre**. |

— ¿Cómo vienes a clase?
— *En autobús.*
— ¡Ah! Pues yo | no vengo **nunca** en autobús. |
              | **nunca** vengo en autobús. |

14.2. También podemos usar estas expresiones de frecuencia:

todos los	días/lunes/martes/... meses años	=	cada	día/lunes/martes/... mes año
todas las	semanas			semana

una vez	al	día mes año
dos veces / tres veces / ...	a la por	semana

(una vez)	cada	dos/tres/...	días semanas meses años

— Tú vas al cine **a menudo**, ¿verdad?
— *Sí, dos o tres veces a la semana.*

— Voy al gimnasio **una vez a la semana**.

15 CANTIDAD: DEMASIADO, MUY, MUCHO, BASTANTE, POCO

demasiado muy bastante poco	+	adjetivo adverbio

— Es **demasiado** joven.
— ¿Estás **muy** cansado?
— Tus padres son **bastante** jóvenes, ¿no?
— Es **muy poco** inteligente.

— Vas **demasiado** rápido.
— ¿Está **muy** lejos?
— Está **bastante** mal situada.
— Vivo **un poco** lejos de aquí.

demasiado/a/os/as mucho/a/os/as bastante/s poco/a/os/as	+	sustantivo

— Hay **demasiada** gente.
— Yo trabajo **muchos** fines de semana.
— Esta tarde he hecho **bastantes** cosas.
— Hoy hay **pocos** alumnos en clase.

verbo +	demasiado mucho bastante poco

— Bebes **demasiado**.
— ¿Estudias **mucho**?
— Habla **bastante**.
— Últimamente salgo **poco**.

16 MUY - MUCHO

MUY

```
          adjetivo
  muy +
          adverbio
```

— Mi habitación es **muy** pequeña.

— ¿Qué tal estás?
— *Muy bien. ¿Y tú?*

MUCHO, MUCHA, MUCHOS, MUCHAS

```
  mucho/a/os/as + sustantivo
```

— En esta calle hay **muchos** bares.
— Hoy tengo **mucho** sueño.

MUCHO

```
  verbo + mucho
```

— Yo trabajo **mucho**.

Observaciones:

— **Muy** no modifica nunca a sustantivos.

— Tengo ~~muy~~ amigos aquí. *(Tengo **muchos** amigos aquí.)*

Tampoco funciona como adverbio independiente.

— Me duele ~~muy~~. *(Me duele **mucho**.)*

— **Mucho** no modifica nunca a adjetivos ni a adverbios.

— Es ~~mucho~~ alto. *(Es **muy** alto.)*
— Habla ~~mucho~~ bien. *(Habla **muy** bien.)*

17 FRASES EXCLAMATIVAS

¡**Qué** + adjetivo (+ verbo)!

— ¡**Qué** guapo!
— ¡**Qué** grande es!

¡**Qué** + sustantivo (+ verbo)!

— ¡**Qué** calor!
— ¡**Qué** sed tengo!

¡**Qué** + adverbio (+ verbo)!

— ¡**Qué** bien!
— ¡**Qué** mal!
— ¡**Qué** mal escribe!
— ¡**Qué** pronto es!

USOS:

Las exclamaciones sirven para valorar positiva o negativamente algo o a alguien, expresar sorpresa, admiración, desagrado o contrariedad.

18 ALGO - NADA; ALGUIEN - NADIE

	Cosas	Personas
(Identidad indeterminada)	algo	alguien
(Inexistencia)	nada	nadie

— ¿Quiere **algo** más?

— Esta semana **no** hay **nada** interesante en la cartelera.

— ¿Hay **alguien** en clase?
— *No, no hay nadie.*

19 COMPARACIONES CON ADJETIVOS

SUPERIORIDAD	**más** + adjetivo + **que**
IGUALDAD	**tan** + adjetivo + **como** **no** + verbo + **tan** + adjetivo + **como**
INFERIORIDAD	**menos** + adjetivo + **que**

— Mi abuela es **más** graciosa **que** mi abuelo.
— Este restaurante es **tan** caro **como** el otro.
— El español **no** es **tan** difícil **como** el alemán.

Comparativos irregulares:

bueno .... **mejor**
malo .... **peor**
grande (edad) .... **mayor**
pequeño (edad) .... **menor**
grande (tamaño) .... **mayor/más grande**
pequeño (tamaño) .... **menor/más pequeño**

— Este disco es **mejor que** ése.

Observaciones:

— Muchas veces no se menciona el segundo término de la comparación porque está claro en el contexto.

— ¿Cuánto cuesta esta camisa?
— *Cinco mil pesetas.*
— ¿Y la azul?
— *Doce mil. Es más cara pero es mejor; es de seda.*

20 ESTAR + GERUNDIO

Cuando usamos **estar** con el gerundio de otro verbo nos referimos a una acción que se realiza en el momento en el que estamos hablando o del que estamos hablando.

— ¿Y Julia?
— *Está trabajando.*

21 IR + A + INFINITIVO

Para expresar planes y proyectos.

— ¿**Vas a salir** esta noche?
— *Creo que no.*

— En enero **voy a empezar** a estudiar árabe.

Para hablar del futuro.

— Raúl dice que mañana **va a nevar**.

22 TENER QUE - HAY QUE

22.1. TENER + QUE + INFINITIVO

Para expresar obligación o necesidad de manera personal.

— **Tengo que terminar** esta carta antes de la una.

— ¿Nos vemos esta tarde?
— *Esta tarde no puedo. Es que **tengo que estudiar**.*

22.2. HAY + QUE + INFINITIVO

Para expresar obligación o necesidad de manera impersonal.

— Para entrar en la Universidad **hay que aprobar** el examen de ingreso.
— Para aprobar ese examen **hay que estudiar** mucho.

23 YA - AÚN / TODAVÍA NO

Para indicar que una acción prevista o previsible se ha realizado antes del momento en el que nos referimos a ella, utilizamos **ya**.

— **Ya** he visitado la Sagrada Familia y me ha gustado mucho.

Y para indicar que esa acción no se ha realizado antes del momento en el que nos referimos a ella, usamos **aún no** o **todavía no**.

— **Aún no** he visitado la Sagrada Familia.
— **Todavía no** ha empezado la clase.

24 EL ACENTO

En español existen tres tipos de palabras según la posición de la sílaba fuerte: agudas, llanas y esdrújulas.

AGUDAS

■ ■ ■
español
color
café

Todas las palabras agudas que terminan en **vocal**, **n** o **s** llevan acento gráfico (´).

Sofá, pantalón, hablé.

LLANAS

■ ■ ■

camisa

casa

ventana

Ponemos acento gráfico en todas las palabras llanas que terminan en consonante, excepto **n** o **s**.

Difícil, árbol lápiz.

ESDRÚJULAS

■ ■ ■

música

médico

plátano

Todas las palabras esdrújulas llevan acento gráfico.

América, rápido, teléfono.

Observaciones:

— Todas las formas interrogativas y exclamativas llevan acento gráfico:

— qué, quién, cómo, cuánto...

— Las palabras de una sola sílaba no llevan acento gráfico; sin embargo, lo utilizamos para diferenciar palabras que tienen la misma forma y distinto significado.

— ¿Cuál es **tu** bolígrafo?
— **Tú** hablas francés, ¿verdad?

— ¿**El** cine Rex, por favor?
— ¿Vas a ir con **él**?

— ¿Tienes **mi** dirección?
— ¿Es para **mí**?

— ¿Te gusta el **té**?

— No **sé** cómo **se** llama tu amigo.